विश्व कवि रवीन्द्रनाथ

विश्व कवि रवीन्द्रनाथ

सोमा बंद्योपाध्याय

राजकमल प्रकाशन

ISBN : 978-93-88933-00-1

मूल्य : ₹ 395

पहला संस्करण : 2019

प्रकाशक : राजकमल प्रकाशन प्रा.लि.
1-बी, नेताजी सुभाष मार्ग, दरियागंज
नई दिल्ली-110 002

शाखाएँ : अशोक राजपथ, साइंस कॉलेज के सामने, पटना-800 006
पहली मंज़िल, दरबारी बिल्डिंग, महात्मा गांधी मार्ग, इलाहाबाद-211 001
36 ए, शेक्सपियर सरणी, कोलकाता-700 017

वेबसाइट : www.rajkamalprakashan.com
ई-मेल : info@rajkamalprakashan.com

मुद्रक : बी.के. ऑफसेट
नवीन शाहदरा, दिल्ली-110 032

VISHVA KAVI RAVINDRANATH
by Soma Bandyopadhyay

अपनी बात

रवीन्द्र-साहित्य की विभिन्न विधाओं में विषयों की विविधता को देखते हुए कहना ही पड़ता है कि उन्हें किन्हीं सीमाओं में बाँधना मेरे जैसे क्षुद्र गवेषक के लिए दुःसाहस करना है। उनके विशाल साहित्य-कर्म को आँकना, समुद्र को अँजुरी में भरने का अवास्तव स्वप्न देखने जैसा ही है। रवीन्द्रनाथ ने जीवन में जो अनुभव किया उसी के फलस्वरूप, इतने सारयुक्त, संक्षिप्त एवं प्रभावशाली शब्दों में वास्तविकता का वास्तविक रूप वे हमारे समक्ष प्रस्तुत कर सके। उन्होंने विश्वप्रकृति एवं मानवप्रकृति को अपने जीवन में सम्पूर्ण रूप से आत्मसात् कर लिया था। मैंने उनके इसी विराट रूप को प्रस्तुत संकलन के निबन्धों के माध्यम से आँकने का एक क्षुद्र प्रयास किया है। उनका विराट व्यक्तित्व, अध्ययन-अध्यापन, शिल्परूपों एवं विधाओं को लेकर परीक्षण-निरीक्षण, वैज्ञानिक दृष्टिकोण और मानवतावाद की आमृत्यु उपासना ने ही उनकी प्रासंगिकता को अनिवार्य बनाया है। इसी का एक आभास इस संकलन में संकलित निबन्धों में देने की कोशिश की है, जो विगत कुछ वर्षों में विभिन्न अवसरों पर मैंने आलेख एवं व्याख्यान के रूप में प्रस्तुत किए थे।

मैं अपना हार्दिक आभार व्यक्त करती हूँ प्रकाशक आदरणीय अशोक गहेश्वरी जी के प्रति, जिनके उत्साह के कारण ही ये निबन्ध पुस्तकाकार में प्रकाशित हो पा रहे हैं। इस अवसर पर, राजकमल प्रकाशन के सभी कर्मी-बन्धुओं के प्रति भी मैं अपना धन्यवाद ज्ञापन करती हूँ। यदि यह संकलन रवीन्द्र-प्रेमी पाठकों एवं गवेषकों के काम आ सके तो लिखना सार्थक समझूँगी।

2 फरवरी, 2019

—सोमा बंद्योपाध्याय

क्रम

1

रवीन्द्रनाथ एवं प्रेमचन्द के साहित्य में नारी

'आमि ढालिबो करुणाधारा
आमि भांगिबो पाषाणकारा
आमि जगत् पलाबिया बेड़ाबो गाहिया
आकुल पागोल पारा'

(मैं बहाऊँगा करुणा की धारा
मैं तोड़ूगा पाषाण कारा
कर संसार को प्लावित, गाऊँगा
किसी व्याकुल पागल की तरह)

—रवीन्द्रनाथ

रवीन्द्रनाथ एवं प्रेमचन्द दोनों का ही साहित्य करुणाधारा से प्रवाहित साहित्य है। बांग्ला के प्रिय रवि ठाकुर का रवीन्द्र-साहित्य आज भी मनुष्य की हर विषम परिस्थिति में उसे सटीक पंथ की दिशा देता है, उसे निरन्तर कठिनाइयों से जूझते रहने की प्रेरणा देता है, मनुष्यत्व के लक्ष्य की ओर अग्रसर होने की इच्छा को बलवती बनाता है। रवीन्द्र साहित्य सागर में एक बार जो अवगाहन करता है, वह बहता ही जाता है, डूबता ही जाता है, पर किनारा नहीं मिलता, ऐसा विराट-जलधि है वह।

बहुमुखी प्रतिभा के धनी कवीन्द्र रवीन्द्र के साहित्य ने अपने समय में न केवल बंगाल, बल्कि बंगाल की सीमा पार कर सम्पूर्ण भारतवर्ष और फिर

उसकी सीमारेखा को भी पार कर सम्पूर्ण विश्व को सम्मोहित कर दिया था। आज भी वह सम्मोहन अक्षुण्ण है।

और प्रेमचन्द? हिन्दी के सर्वकालीन श्रेष्ठ कथाकार, जिन्होंने अपने कथा-साहित्य में समग्र उत्तर भारत की असहाय मानवजाति की दुख-दुर्दशा, अपमान और यंत्रणा को वाणी दी, नारी जाति के दयनीय जीवन की पीड़ा को उद्घाटित किया एवं मानवता को एक नई भाषा में व्याख्यायित किया, और न केवल हिन्दी पाठकों के सर्वाधिक प्रिय कथाकार रहे अपितु बांग्ला में भी समान रूप से लोकप्रिय रहे। अपनी अमर लेखनी के कारण केवल भारतीय साहित्य में ही नहीं सम्पूर्ण विश्व साहित्य में भी उनका अप्रतिम स्थान है।

रवीन्द्रनाथ एवं प्रेमचन्द दोनों एक-दूसरे के प्रति श्रद्धाशील रहे। रवीन्द्रनाथ जैसे प्रेमचन्द के साहित्य सृजन से अनभिज्ञ नहीं थे। प्रेमचन्द ने भी रवीन्द्रनाथ के प्रति अपनी मुग्धता का परिचय उनकी रचनाओं का अनुवाद करके दिया था। प्रेमचन्द ने रवीन्द्रनाथ के 'बौ ठाकुरानीर हाट' उपन्यास का उर्दू अनुवाद 'दुल्हन' नाम से किया था। लाहौर की नेशनल लिटरेचर कम्पनी से प्रकाशित रवीन्द्रनाथ ठाकुर की दस कहानियों का अनुवाद 'खामोश मुहब्बत और दीगर अफसाने' नाम से प्रेमचन्द ने ही किया था। रवीन्द्रनाथ की चित्रकला के भी बहुत बड़े प्रशंसक थे वे। 'जमाना' पत्रिका के सम्पादक से उन्होंने एक बार अनुरोध किया था कि पत्रिका के कवर के लिए रवीन्द्रनाथ द्वारा बनाए गए चित्र का इस्तेमाल करें। जहाँ तक उनकी लेखनी से प्रभावित होने की बात है तो, उस समय भारतवर्ष में शायद ही कोई ऐसा साहित्यकार हुआ होगा जो रवीन्द्र के साहित्य को पढ़कर प्रभावित नहीं हुआ होगा।

उल्लेख योग्य बात यह है कि दोनों विश्ववन्दित साहित्यकारों ने मानवतावादी दृष्टिकोण को अपनाकर सामान्यजन के प्रति जो अपनी हार्दिक करुणा एवं सहानुभूति प्रदान की है, उसके मूल में भारतीय आत्मा की अजस्र धारा को समाविष्ट कर, उसकी सजीव मूर्ति अंकित की।

दोनों के कथा-साहित्य में एक महत्त्वपूर्ण पक्ष है अमर नारी पात्रों की सृष्टि। उन्होंने भारतीय नारी के उज्ज्वल भविष्य और अधिकारों के प्रति पुनर्जागरण का आंदोलन बड़े ही प्रबल रथ के माध्यम से चलाया है। इसके लिए उनका पूरा साहित्य उदाहरणस्वरूप प्रस्तुत है। फलतः समाज

में पीड़ित तथा प्रताड़ित नारी को न केवल सामाजिक धरातल पर ही, बल्कि राजनीतिक धरातल पर भी समानाधिकार मिला।

रवीन्द्रनाथ के उपन्यासों व कहानियों में नारी चरित्र की परिकल्पना उदात्त गुणों से युक्त एवं सात्विक विचारों की पोषिका के रूप में हुई है। रवीन्द्रनाथ का बांग्ला साहित्य जगत में आना एक युगांतकारी घटना थी! उनसे पहले बंकिमचन्द्र जैसे साहित्यकार के कथा--साहित्य की नायिकाएँ हमारे जाने-पहचाने जगत की नारी नहीं लगतीं। तिलोत्तमा, आयषा, विमला कपाल कुंडला देवी चौधरानी, जैबुन्निसा आदि चरित्र किसी रोमांस लोक के बाशिंदे हैं। उन्हें हम दूर से देख सकते हैं पर उनके साथ घर नहीं बसा सकते। परन्तु रवीन्द्रनाथ की नायिकाओं को, चाहे वे कहानियाँ हो या उपन्यास, अपने परिचित संसार में हम देख सकते हैं। उनके सुख-दुख, आशा-आकांक्षाएँ, सपने देखने की चाह और उन सपनों के टूटने की कथा से हम उन्हें अपने बहुत निकट पाते हैं। विलासिनी, भोगी नहीं, वरन् नारी के कल्याणी, पतिव्रता, कर्तव्यपरायण, सहनशील, संघर्षशील एवं पवित्र रूप ही बार-बार उनके कथा साहित्य में परिलक्षित होते हैं।

इसी प्रकार हिन्दी उपन्यास में प्रेमचन्द के आविर्भाव के बाद उपन्यास की रचना-प्रक्रिया में किस प्रकार युगांतकारी परिवर्तन हुआ, यह सर्वविदित है। अपने कथा-साहित्य में उन्होंने लगभग हर वर्ग की नारी का चरित्रांकन किया है। उन्हें नारी में इतनी आस्था है कि वे सुधार की किसी भी योजना में पुरुष की अपेक्षा नारी को अत्यधिक महत्त्वपूर्ण कार्य सौंपते हैं। उनके नारी-पात्र सेवा, पवित्रता, भक्ति, उदारता, सहिष्णुता एवं निःस्वार्थ बलिदान की भावना से सदैव अनुप्रेरित रहते हैं।

दोनों साहित्यकारों की रचनाओं में एक सादृश्य देखने योग्य है--दोनों ने स्त्री-पुरुष के कर्म तथा कर्म-क्षेत्र को पृथक-पृथक माना है, यद्यपि दोनों ही स्त्री-शिक्षा, स्त्री के अधिकारों के प्रबल पक्षधर थे। रवीन्द्रनाथ के समकाल में महाराष्ट्र में बाल विवाह, वैवाहिक अधिकारों, विवाह में स्त्री की सहमति आदि को लेकर आन्दोलन कर रही थीं पंडिता रमाबाई। सन् 1881 में रमाबाई के 'स्त्री-स्वाधीनता' विषयक वक्तव्य सुनने के पश्चात् रवीन्द्रनाथ उनसे सहमत नहीं हो पाए थे, क्योंकि उनका विश्वास था कि स्त्री-पुरुष के बीच का स्वाभाविक अन्तर यानी उनकी शारीरिक बनावट का अन्तर ही

स्त्री–पुरुष के श्रम–विभाजन का आधार है। सन्तान धारण तथा सन्तान का पालन, पति की सेवा आदि करने के लिए स्त्री का घर पर ही रहना उचित है। पर साथ ही उन्होंने यह भी कहा कि यह याद रखना उचित होगा कि पत्नी होना, माँ होना स्त्रियों का स्वभाव होता है, दास होना नहीं। स्नेह के कारण माँ सन्तान की सेवा करती है, प्रेम के कारण पत्नी पति की सेवा करती है, महज दायित्व की भावना से नहीं।

सन् 1891 में, 'यूरोप यात्री की डायरी' निबन्ध में रवीन्द्रनाथ ने पाश्चात्य नारी की तुलना में गृहलक्ष्मी भारतीय नारी को 'सुखी नारी' कहा है। उन्होंने अपने 'प्राचीन साहित्य' ग्रंथ में भारतीय क्लासिक रचनाओं की विख्यात स्त्री–पात्रों के चरित्र–विश्लेषण में नारी की मंगलमयी कल्याणी मातृमूर्ति की ही वन्दना की और यूरोप के प्रेयसी नारी–रूप की भर्त्सना की।

ध्यान देने योग्य बात यह है कि प्रेमचन्द भी यह कहकर नारी का कार्य–क्षेत्र घर को ही मानते थे, कि हम सभी पहले मनुष्य हैं, पीछे और कुछ...हमारा जीवन हमारा घर है। पश्चिम की स्त्री की भाँति भोग की लालसा से उच्छृंखल तितलियों के रंग में रँग जानेवाली भारतीय नारी को वे दया की पात्रा समझते हैं। उन्होंने नारी के अधिकार और उसके लिए सच्ची शान्ति का अनुसन्धान केवल सेवा–वृत्ति में किया है। उनके अनुसार सच्चा प्रेम अगर वैवाहिक जीवन में उपलब्ध नहीं होता है तो मुक्त विलास में भी उसकी आशा नहीं करनी चाहिए।

परन्तु इसका अर्थ यह नहीं कि उन्होंने नारी को केवल गृहकार्य के प्रति ही निवेदित प्राण दिखाया है बल्कि जब–जब आवश्यकता पड़ी है उनके नारी–पात्रों ने अपनी दासत्व के झूठे मोहपाश को तोड़कर विद्रोह के रास्ते को अपनाया है।

रवीन्द्रनाथ की कहानियों में स्त्रियाँ दहेज–प्रथा, बहुविवाह, बाल–विवाह, अकाल वैधव्य आदि सामाजिक विधानों के कारण कई तरह से पीड़ित व शोषित होती हुई पारिवारिक जीवन में नित्य अवहेलना और अत्याचार की शिकार होती हुई चित्रित हुई हैं। इनमें से कुछ अमर चरित्रों ने समाज और परिवार की अन्याय नीति के खिलाफ विद्रोह भी किया है। परिवार के लिए सेवा–भाव एवं मर्यादा को प्रतिष्ठित करते नारी–चरित्र भी कम नहीं हैं। पुरुष के झूठे प्रेम के मोह में पड़कर पथभ्रष्ट होती हुई नारी के परिवार

में पुनरागमन व पुनःप्रतिष्ठा की घटनाएँ भी घटित हुई हैं। उदाहरणस्वरूप, 'घरे-बाहिरे'।

'घरे-बाहिरे' (घर और बाहर) का प्रसंग आते ही प्रेमचन्द के उपन्यास 'प्रेमाश्रम' का स्मरण हो आता है। 'प्रेमाश्रम' में भी इसी समस्या का वर्णन है। उनकी 'देना-पावना' कहानी की निरुपमा दहेज-प्रथा की शिकार है। यहाँ लेखक ने सीधे-सीधे इस सामाजिक व्याधि पर व्यंग्य-वाण चलाया है। 'हेमंती' कहानी में हेमंती जो अपने पिता के घर से दहेज तो लाती नहीं परन्तु अपने साथ अच्छे संस्कार, सुविचार, अच्छे व्यवहार एवं सुरुचि आदि गुणों को लाती है। परन्तु अपनी ससुराल में वह श्रद्धा की पात्रा नहीं बन पाती है और मानसिक शोषण का शिकार बनती है।

'महामाया' कहानी में कुलीन-प्रथा एवं सहमरण अर्थात 'सतीप्रथा' जैसी कुरीतियों पर चोट की गई है। परन्तु इस कहानी में नारी अपनी महिमा और प्रखर व्यक्तित्व के साथ उपस्थित हुई है। 'त्याग' कहानी प्रदर्शनप्रियता और अनमेल विवाह की मर्मान्तक परिणति पर आधारित है।

'मध्यवर्तिनी' में निःसन्तान होने के कारण निवारण दूसरा विवाह करता तो है परन्तु बालिका पत्नी को प्रसन्न रखने के लिए उसे गबन करना पड़ता है। सिर्फ यही नहीं, गर्भवती बालिका पत्नी के असमय देहान्त होने के बाद जब निवारण अपनी पहली पत्नी हरसुन्दरी के शयनकक्ष में वापस जाता है, तो वे पहले जैसे ही साथ-साथ शयन करते हैं। परन्तु उनके ठीक बीचोंबीच एक मृत बालिका मानो लेटी हुई होती है, जिसे कोई लाँघ नहीं पाता है।

'दृष्टिदान' कहानी में पत्नी अन्धी है, इसी कारण पति दूसरा विवाह कर लेता है, पहली पत्नी के प्रति अपने कर्तव्य को भूल जाता है! 'सुभा' कहानी में सुभा के गूँगेपन का फायदा उठाकर बिना किसी दुविधा के उसके ससुरालवाले उसे मायके भेज देते हैं और उसके पति का दूसरा विवाह कर देते हैं। उनकी बहुचर्चित कहानी 'स्त्रीर पत्र' की मृणाल प्रतिवाद और विद्रोह की ज्वलंत भाषा है। सम्पन्न एवं अभिजात परिवार की शिक्षित एवं विदुषी मँझली बहू मृणाल सहन नहीं कर पाती जब उसके ससुरालवाले अपने आश्रय में रहनेवाली अनाथ लड़की बिन्दु का एक पागल के साथ ब्याह रचाकर उससे पीछा छुड़ाना चाहते हैं, और अत्याचार सहती बिन्दु विवाह पश्चात् आत्महत्या कर अपनी मुक्ति पा लेती है। मृणाल की अन्तरात्मा इस अन्याय

को होते देख धिक्कार उठती है, और वह अपनी ससुराल छोड़ पति को त्याग, घर की मँझली बहू के झूठे सम्मान का आवरण उतार फेंक खुले आसमान के नीचे नीले समन्दर के किनारे मुक्ति की तलाश में जा खड़ी होती है। विद्रोह का सर्वाधिक शक्तिशाली रूप मृणाल के चरित्र में दिखाई देता है। संसार में नारी का मूल्य क्या है, उसका स्थान क्या है, परिवार के हर दिन के अनुभव ने मृणाल को यह सिखा दिया था। असहाय बिन्दु के लिए वह लड़ती है, पर उसका विवाह रोकने में वह सफल नहीं हो पाती, परन्तु असफल होने पर वह आत्मसमर्पण नहीं करती और अन्ततः उस परिवार से अपना नाता तोड़कर अपने विद्रोह को वाणी देती है। मृणाल के चरित्र को महिमान्वित करते हुए विख्यात कथाकार एवं आलोचक श्री विजयदान देथा लिखते हैं—'आज के प्रदूषित मानवीय संसार में मृणाल के समकक्ष व्यक्तित्व का तो सपना ही दुर्लभ हो गया है—इसी कारण साहित्य जगत में रविबाबू ने तल्लीनता के अतिरेक में मृणाल की ऐसी असाधारण छवि उकेरी है जो बीते हुए कल से आज ज्यादा प्रासंगिक है। और आनेवाले कल के लिए और भी ज्यादा प्रासंगिक होगी।' (इति मृणाल-विजयदान देथा)।

'पहला नम्बर' की नायिका अनिला भी सामान्य दृष्टि से पीड़ित नहीं है। परन्तु वह भी एक स्वतंत्र मनुष्य है, उसका भी कोई स्वतंत्र अस्तित्व है, व्यक्तिगत सुख-दुख, आशाएँ हैं। उसके पति ने कभी भी इस बात को जानने की कोशिश नहीं की। उसकी भावनाओं को कभी महत्त्व न देने वाले पति को त्यागकर बिना कोई कारण बताए अपने आत्मसम्मान की रक्षा करने के लिए छोड़ जाना पुरुषतंत्र के खिलाफ निःशब्द विद्रोह नहीं है तो और क्या है? अन्त में कहानी का नायक यानी अनिला का पति पश्चात्ताप करते हुए कहता है, 'मैंने पुरोहित के हाथों अनिला को पाया था किन्तु विधाता के हाथों उसे ग्रहण करने का कुछ भी मूल्य नहीं चुकाया।' यहाँ ध्यान देने योग्य बात यह है कि प्रारंभ में स्त्री का घर पर ही रहना उचित माननेवाले रवीन्द्रनाथ की स्त्री के प्रति सोच बीसवीं सदी के दूसरे दशक में काफी परिवर्तित हो गई थी। यह परिवर्तित नारी-चेतना केवल कहानी-उपन्यास या नाटक में ही थी, ऐसा नहीं, 'जापान-यात्री' शीर्षक से एक निबन्ध में भी इस का उदाहरण द्रष्टव्य है। वे लिखते हैं, 'लोगों से सुनता हूँ, यहाँ के पुरुष आलसी और विलासी हैं। दूसरे देशों में पुरुष जो काम करते हैं, यहाँ वही सब काम स्त्रियाँ

करती हैं। अचानक मन में सवाल उठता है, यह स्त्रियों पर जुल्म तो नहीं है? परन्तु फिर लगता है परिणाम तो विपरीत ही दिखता है—इस तरह, स्वतंत्र रूप से काम करने का अधिकार मिलने की खुशी में स्त्रियों का जैसे और अधिक विकास हो रहा है। केवल बाहर निकलना ही मुक्ति नहीं है, बिना बाधा के काम कर पाना ही मनुष्य के लिए सही अर्थों में मुक्ति है। पराधीनता सबसे बड़ा बन्धन नहीं है, कार्य-क्षेत्र में स्त्री-पुरुष का भेद करना ही स्त्री के लिए सबसे बड़ा पिंजड़ा है। इन्हीं दिनों लिखी गई 'स्त्रीर पत्र' एवं 'पहला नम्बर' में हमने देखा कि महिलाओं के अस्तित्व एवं सम्मान की प्रतिष्ठा में ऐसी ही स्वतंत्रता की माँग की गई है।

एक और महत्त्वपूर्ण कहानी 'अपरिचिता' में कल्याणी का दहेज के कारण रिश्ता टूट जाता है। वह दोबारा विवाह करने को राजी नहीं होती और विवाह के बिना भी एक स्त्री किस प्रकार अपना जीवन सार्थक बना सकती है, उसकी तलाश करती है। सन् 1914 तक स्त्रियों में इस तरह की सोच सचमुच एक विस्मय पैदा करती है। उस युग में ऐसा दृष्टांत बांग्ला साहित्य में एक रवीन्द्रनाथ के अतिरिक्त अन्य कहीं उपलब्ध नहीं है। उनकी कुछ एक कहानियों में विधवाओं को जीवन में फिर से एक बार प्रतिष्ठित होते हुए दिखाया है। उदाहरणस्वरूप 'त्याग' कहानी में बालविधवा कुसुम को आश्रय देने के कारण हैमंती को पतिगृह छोड़ना पड़ा था। कुछ अन्य कहानियों में वेश्या की समस्या पर भी उन्होंने प्रकाश डाला है। सन् 1894 में लिखित 'विचारक' कहानी में एक असहाय बालविधवा हेमशशी कैसे पतिता 'खिरोदा' बन जाने को बाध्य होती है, उसी का विश्लेषण किया है कहानीकार ने कि किस प्रकार समाज और परिवार उसे बाध्य करता है यह रास्ता अपनाने को। बंगाली अभिजात परिवार में विधवा की विवशता एवं दुर्दशा का जो चित्रण 'चोखेर बाली' याने 'आँख की किरकिरी' में मिलता है, वह अन्यत्र और कहाँ?

एक गृहवधू कैसे अपने पति की निरन्तर उपेक्षा और अवहेलना के कारण थियेटर की नायिका बन जाती है, इसका प्रत्यक्ष उदाहरण है, 'मानभंजन' कहानी की गिरिबाला। सुन्दरी गिरिबाला का पति अभिनेत्री के प्रेम में इस कदर फँस जाता है कि गिरिबाला अपने पति को सीख देने के लिए एक दिन स्वयं अभिनेत्री बन जाती है। वह तो घर ही बसाना चाहती थी परन्तु पति और

परिवार ने उसे घर से बाहर की ओर जाने को बाध्य किया। स्त्री-शिक्षा के पक्षधर रवीन्द्र ने यह भी दिखाया है कि किस प्रकार नारी के शिक्षित होने की राह में अनगिनत बाधाएँ आती हैं। उदाहरण कहानी 'खाता' यानी 'कॉपी'।

'शास्ती' यानी 'सजा' कहानी में पारिवारिक कलह की समस्या है। छिदाम रूई का बड़ा भाई दुखराम रूई, क्रोध में आकर अपनी पत्नी की हत्या कर देता है, भाई छिदाम रूई अपने बड़े भाई को बचाने के लिए अपनी पत्नी पर उसका दोष मढ़ देता है और उसे फाँसी की सजा हो जाती है। वह सोचता है, पत्नी गई तो क्या हुआ फिर एक को ब्याह कर लाया जा सकता है, परन्तु भाई गया तो दोबारा न मिलेगा। छिदाम की यह मानसिकता समाज की ही एक व्याधि है, बीमार मानसिकता है। उसकी पत्नी को जिससे वह कभी प्राणों से भी अधिक प्रेम करता था, इस बात से गहरी चोट पहुँचती है परन्तु वह अपने पक्ष में एक भी शब्द नहीं निकालती। जब जेलर साहब फाँसी देने से पहले उससे पूछते हैं कि क्या वह अन्तिम बार अपने पति से मिलना चाहेगी ? तो एक व्यंग्य-भरी हँसी के साथ वह कहती है, 'मरण!' यानी जिस पति ने जीते जी उसका साथ न दिया, मृत्यु की ओर उसे धकेल दिया, उससे अब मिलना कैसा ? 'मरण' शब्द का अर्थ है 'सत्यनाश हो!'

प्रेमचन्द रवीन्द्रनाथ के अनुज कहे जा सकते हैं, परन्तु समकाल का चित्र उनकी कहानियों में भी उसी प्रकार आया है जिस प्रकार रवीन्द्रनाथ में! प्रेमचन्द के नारी-पात्र प्रायः सभी अनिवार्य गुणों से मंडित दिखाई पड़ते हैं। इन गुणों की स्थापना के लिए प्रेमचन्द नारी को पूर्ण शिक्षित देखना चाहते हैं। वे शिक्षा के साथ-साथ कानूनी अधिकार भी स्त्री को दिलाना चाहते हैं। तभी तो 'गबन' में रतन के प्रति हाईकोर्ट के एडवोकेट काशी के इन्द्रभूषण से वे प्रश्न करवाते हैं—'आपके बोर्ड में लड़कियों की अनिवार्य शिक्षा का प्रस्ताव कब पास होगा ? जब तक स्त्रियों की शिक्षा का काफी प्रचार न होगा, हमारा कभी उद्धार नहीं होगा।' रवीन्द्र के अनुरूप प्रेमचन्द भी स्त्री स्वातंत्र्य के समर्थक हैं। उनका मत है कि यदि युवक और युवती का परस्पर शुद्ध व्यवहार हो तो सहशिक्षा से भी किसी प्रकार की हानि होने की आशंका नहीं।

नारी के पूर्ण विकास के लिए उस समय की एक समस्या, पर्दाप्रथा का भी उन्होंने घोर विरोध किया। अपनी कहानी 'कानूनी कुमार' में जहाँ तम्बाकू बहिष्कार बिल, भिखमंगा बहिष्कार बिल, तलाक बिल आदि को असेम्बली

में प्रस्तुत कराने की योजना कुमार द्वारा बनाई, वहाँ उपर्युक्त बिलों में 'पर्दा हटाओ बिल' को भी सम्मिलित किया।

'दुराशा' प्रहसन में इस प्रथा के दुष्परिणाम का सुन्दर चित्रण मिलता है जब पत्नी पति दयाशंकर से कहती है—'जब तक ये झटके न खाओगे, तुम्हारी आँखें न खुलेंगी, घर में कैद करने का यह दण्ड है। तुमने मुझे पिंजरे में बन्द कर दिया, मेरे पर काट दिए। इस पर्दे ने मुझे पंगु बना दिया।'

प्रेमचन्द के कथा-साहित्य में शायद ही ऐसी कोई तत्कालीन समस्या हो जिसका चित्रण न हुआ हो। विशेषकर स्त्री के प्रति किए गए अन्याय का। 'एक आंच की कसर' कहानी में उन्होंने समाज सुधारक यशोदानन्दजी से दहेज की उत्पत्ति और उसके दुष्परिणामों पर प्रकाश डालते हुए कहलवाया है—'पूर्वकाल में दहेज का नाम भी न था...सत्य मानिए कोई जानता ही न था कि ठहरौनी है क्या—चीज, पशु या पक्षी, आसमान में या जमीन में, खाने में या पीने में। एक और जगह वे लिखते हैं—'दहेज बुरा रिवाज है, बेहद बुरा। बस चले तो दहेज लेनेवाले और देनेवाले, दोनों ही को गोली मार दी जाए, फिर चाहे फाँसी ही क्यों न हो जाए।' दहेज नामक इस सामाजिक व्याधि के प्रति कितना आक्रोश होने पर कोई लेखक इस प्रकार लिख सकता है! 'दो सखियाँ' जैसी कहानी में एवं कई उपन्यासों में जहाँ उन्होंने विवाह नामक संस्था की उपयोगिता की बात की है, वहीं अनमेल विवाह का प्रश्न उठाकर 'उद्धार' जैसी कहानी में चिन्ता भी व्यक्त की है। यह चिन्ता भारतीय आदर्श विवाह पद्धति में आए दुर्गुणों के कारण ही थी। कहानी 'शान्ति', 'कुसुम' एवं 'कन्या विवाह' में यह समस्या कई प्रकार से उठाई गई है।

इसी प्रकार 'नैराश्य' एवं 'सुभागी' कहानियों में बाल-विवाह के दारुण दुखद परिणाम से समाज को आगाह करना चाहा है। वस्तुतः लड़की का छोटी उम्र में विवाह न करना आदि। यदि उस प्रकार की त्रुटि हो भी जाती है तो विधवा होने पर पुनर्विवाह द्वारा उसमें संशोधन करना ही समस्या का हल है, यही संकेत प्रेमचन्द यहाँ देते हैं।

रवीन्द्रनाथ के समान बहु-विवाह नामक समस्या को भी उन्होंने समान रूप से महत्त्व दिया। 'अग्नि-समाधि', 'बहिष्कार', 'उन्माद' कहानियों में बहु-विवाह के अनेक प्रकारों के दुष्परिणामों को चित्रित कर इसके प्रति अपनी घृणा एवं रोष व्यक्त किया। प्रेमचन्द जाति-पाँति, छुआछूत, धनी-

निर्धन के पक्षपाती नहीं थे, अतएव उनके कई उपन्यासों और कहानियों में अन्तर्जातीय प्रेम एवं विवाह के उदाहरण मिलते हैं।

स्त्री के पतिव्रता होने के भी उदाहरण उनकी कई कहानियों एवं उपन्यासों में मिलते हैं। जैसे, 'त्यागी का प्रेम' की आनंदीबाई, 'सेवासदन' की शान्ति, और 'कर्मभूमि' की मुन्नी आदि! वे केवल अपने वचनों में ही सती नहीं हैं, अपितु उनके कर्म भी उनके वचनों का अनुसरण करते हैं।

स्त्री का आभूषण प्रेम किस प्रकार पारिवारिक जीवन में अभिशाप को आमंत्रित करता है, इसके उत्कृष्ट उदाहरण 'गबन' उपन्यास एवं 'प्रेम का उदय' कहानियाँ हैं। यहाँ याद आती है रवीन्द्रनाथ की अद्भुत कहानी 'मणिहार' जहाँ आभूषण के प्रति अति आसक्ति नायिका को प्रेतलोक से भी वापस आने को बाध्य कर देती है।

प्रेमचन्द की कहानियों एवं उपन्यासों में विधवा की विवशता का कारुणिक चित्रण मिलता है। उदाहरणस्वरूप 'बेटी वाली विधवा', 'बालक', 'आधार', 'मन्दिर' आदि कहानियाँ। 'पुनर्विवाह' को इस समस्या का हल माननेवाले प्रेमचन्द के 'प्रतिज्ञा' उपन्यास में पूर्णा का पुनर्विवाह समाजसेवी अमृतराय से न करवाने के कारण कुछ लोगों ने उन पर आरोप लगाया कि प्रेमचन्द की कथनी और करनी में अन्तर है। पर शायद वे भूल गए थे कि प्रेमचन्द ने स्वयं बाल-विधवा शिवरानी देवी से विवाह कर इस दिशा में दृष्टांत की स्थापना की थी। उनके साहित्य में प्रतिवादी और अन्याय का प्रतिवाद करनेवाली स्त्रियों की भी कमी नहीं है। उदाहरण 'गोदान' की धनिया जिसने अविवाहित गर्भवती झुनिया का साथ देने के लिए पूरे समाज का विरोध किया था।

प्रेमचन्द सदैव इस सम्भावना को लेकर चले हैं कि पापी जीवन व्यतीत करनेवाला व्यक्ति भी पवित्र होने की सम्भावना रखता है। इस प्रसंग में उल्लेख योग्य बात यह है कि स्त्री के पतिता रूप के प्रति भी प्रेमचन्द पर्याप्त दयावान दिखाई देते हैं। वे उसकी इस वृत्ति के लिए स्त्री को उत्तरदायी न ठहराकर उसकी इस नीच वृत्ति के लिए विवश करनेवाली परिस्थितियों को ही दोषी ठहराते हैं। 'वेश्या' कहानी की माधुरी अपने अन्तिम पत्र में लिखती है कि—'पुरुष इतना निर्लज्ज है कि उसी दुरवस्था से अपनी वासना तृप्त करता है और इसके साथ ही इतना निर्दयी कि उसके माथे पर कलंक

लगाकर उसे उसी दुरवस्था में मरते देखना चाहता है।' सेवासदन की सुमन तो इसका ज्लवंत उदाहरण है।

सच्चाई तो यह है कि प्रेमचन्द एवं रवीन्द्रनाथ के कथा-साहित्य में वर्णित ये समस्याएँ उस काल में जितनी प्रासंगिक थीं, आज से डेढ़ सौ वर्ष अतिक्रांत करने के पश्चात भी उतनी ही प्रासंगिक रह गई हैं। भले ही उन समस्याओं के रूप बदल गए हों और चाहे आज की नारी कितनी ही आधुनिक और स्वतंत्र होने का दावा क्यों न करे, कुछ और नई समस्याएँ नारी के जीवन से जुड़ गई हैं। मेरा मानना है कि एक और रवीन्द्रनाथ एवं प्रेमचन्द की आवश्यकता आज भी उतनी ही है जितनी कि उस समय थी।

2

रवीन्द्रनाथ में नारी एवं प्रेम

भारतीय साहित्य में ही नहीं अपितु संसार की समस्त भाषाओं के साहित्य एवं काव्य में नारी पुरुष के लिए आकर्षण की वस्तु रही है। कभी नारी की गरिमा तो कभी उसके रूप एवं यौवन को शब्दों में बाँधने के लिए संसार की सभी भाषाओं के कवियों ने अपनी-अपनी लेखनी से अपने हृदयस्थ भावों को कई प्रकार से व्यक्त किया, परन्तु न जाने वह कौन-सी रहस्यमय बात है जो आज भी 'वह' कवियों के लिए अनुसन्धान की वस्तु बनी हुई है।

कविवर रवीन्द्रनाथ भी 'नारी' के प्रति स्वाभाविक आकर्षण अनुभव करते थे। परन्तु यह आकर्षण अज्ञात था। कभी नारी उनके लिए बहुत परिचित एक चेहरा तो कभी रहस्यमयी बनकर आती। कवि सन् 1971 में 'पलातका' काव्य की रचना करते हैं, जिसका प्रमुख भावसूत्र नारी-जीवन के मूल्यों को स्वीकारना है। कभी 'उर्वशी' में 'नारी' के लिए उन्होंने यह उक्ति की थी—'न हो माता, न हो कन्या, न हो बधू' (नहीं हो माता, नहीं हो कन्या, नहीं हो बधू)। 'पलातका' काव्य में उसी भाव को पूर्णता प्राप्त हुई। कवि ने कहा, माता, कन्या, वधू, कोई भी रूप नारी का पूर्ण रूप नहीं है, उसका केवल 'नारी' होना ही एक अलग मूल्य है जो उसका स्व-अर्जित है—

'आमि नारी, आमि महीयसी,
आमार सुरे सुर बेंधेछे ज्योत्स्ना-बीनाय
निद्राविहीन शशि!
आमि नोईले मिथ्ये होतो
संध्यातारा ओठा,
मिथ्ये होतो कानने फूल फोटा।'

(अर्थात्,

मैं नारी, मैं महीयसी,
निद्राविहीन शशि ने
मेरे सुर में सुर मिलाया ज्योत्स्ना-वीणा से,
मैं न होती तो मिथ्या होता
संध्यातारा का निकलना,
मिथ्या होता कानन में फूलों का खिलना।)

इस प्रकार 'नारी' को कवि ने 'महीयसी' संज्ञा प्रदान की है। उसके न होने से सब कुछ व्यर्थ हो जाता, चाहे वह संध्यातारा का निकलना हो या कानन में फूलों का खिलना।

महाकवि ने काल्पनिक प्रेयसी से बिछुड़ने की व्यथा को आधार बनाकर जीवन की समस्त अवस्थाओं का स्पर्श किया है। यह बात उनके 'संध्या-संगीत' काव्य-संग्रह की कविताओं के शीर्षक से ही स्पष्ट हो जाती है। ये शीर्षक हैं, तारोकार आत्महत्या, आशार नैराश्य, परित्यक्त, सुखेर-विलाप, हलाहल, पराजय संगीत, अमिहारा। इन शीर्षकों के ज्ञात होता है कि अज्ञात प्रियतम के प्रति कवि में कौतूहल है एवं उससे मिलने के लिए कवि लालायित है। उसके हृदय में एक अनंत कथा है, परन्तु 'क्यों है?' वह स्वयं नहीं जानता। कवि अपने में ही अवरुद्ध है, निराशा-पूर्व है, विरह व्यथित है एवं अज्ञात दुख के भार से पीड़ित है। तभी तो वह 'संध्या' को सम्बोधन कर कहते हैं—

'बड़ो व्यथा बाजिछे प्राणे, संध्या तुई धीरे-धीरे आय
काछे आय, आरो काछे आय, संगीहारा हृदय आमार
तोरबुके लुकाश्ते चाय।'

(संध्या-संध्या संगीत)

(अर्थात्

प्राणों में व्यथा बजती है, संध्या तुम धीरे-धीरे आओ
पास आओ, और भी पास, साथीविहीन हृदय मेरा
तुम्हारे हृदय में छिपना चाहे।)

यहाँ संध्या का मानवीकरण हुआ है और संध्या एवं कवि की अज्ञात प्रेयसी कहीं एक हो गई है। 'संध्या संगीत' की कविताओं के प्रसंग में निबन्धकार अजित कुमार चक्रवर्ती अपने 'रवीन्द्र-काव्य-प्रवाह' में लिखते हैं—'नव यौवन के आरम्भ में अन्तर में जब हृदयावेग प्रबल हो रहे थे और विश्व के साथ उनका यथोचित योग संघठित नहीं हो रहा था, हृदय की अनुभूतियों के साथ जब जीवन के अनुभवों का सामंजस्य नहीं होता था, तब उस समय अपने हृदय की निरुद्ध अवस्था को ही संध्या-संगीत की कविताओं में व्यक्त करने की चेष्टा है।'

युवावस्था की उद्दाम तरंगें उसके हृदय में उठ रही हैं। कवि ने अभी संसार में प्रवेश नहीं किया था, केवल वातायन से ही झाँककर संसार को देख लिया था। इस काल में कवि रूप की खोज में व्याकुल हैं। कवि का यही मोह एवं नशा सम्पूर्ण काव्य-ग्रंथ 'छवि ओ गान' (चित्र और गीत) में प्रकाशित हो पाता है। कवि के अन्तर मानस में जो अज्ञात प्रेयसी के प्रति अव्यक्त आकृति थी उसी का इन्द्रधनुषी रंग साकार रूप में 'छवि ओ गान' में देखा जा सकता है। उदाहरणस्वरूप—

> 'प्रति अंग कांदे तव प्रति अंगतरे, प्राणेर मिलन माँगे देहेर मिलन
> हृदये आच्छन्न देह हृदयेर भारे, मुरछि पड़िते चाय तब देह परे॥'
>
> (प्रत्येक अंग रोए तुम्हारे प्रति अंग के लिए, प्राण माँगे देह का मिलन, हृदय से आच्छन्न देह हृदय के भार से, देह पर तुम्हारे मूर्छित होकर गिरना चाहे।)

अपने परवर्ती काव्य-संकलन—'कड़ि ओ कोमल' (कौड़ी और कोमल) में सौन्दर्य के पुजारी रवीन्द्रनाथ ने अपनी प्रेयसी नारी को कई रूपों, कई भावों में चित्रित किया है। आकांक्षा, तुमि, यौवन-स्वप्न, क्षणिक मिलन, स्तन, चुम्बन, विवसना, पुनर्मिलन आदि कविताओं में युवा कवि ने नारी के प्रति अपनी आकांक्षाओं को दबाने का नहीं अपितु प्रकट करने का प्रयत्न किया है। उदाहरणार्थ—

> 'दाओ खुले, दाओ सखी, ओई बाहु-पाश, चुम्बन-मदिरा आर करायो न पान'
>
> (बन्दी, कड़ि ओ कोमल)

(खोल दो सखी बाहु-पाश, चुम्बन मदिरा और न कराओ पान।)

एक और उदाहरण—

'आमि जदि गाथि माला, लोये फूलो डाला काहारे पराबो फूलो हार।'
(मैं यदि गूँथू माला, लेकर फूलों की डलिया, किसे पहनाऊँगा यह फूलों का हार?)

(आकांक्षा, कड़ि ओ कोमल)

कवि रवीन्द्र पुरातन और असुन्दरता के नहीं अपितु नूतन और सुन्दरता के पुजारी हैं। मेघों से आच्छन्न आकाश में सूर्य रश्मियाँ कवि को मुग्ध करती हैं। नारी, उसे लेकर यौवन के विचित्र स्वप्न, उसका प्रेम, उसका सौन्दर्य रहस्य, कवि के हृदय को सभी ने स्पर्श किया। 'यौवन-स्वप्न' कविता में कवि-हृदय की उद्दाम आकांक्षा व्यक्त होती है, कुछ इस तरह से—

'आमार यौवन स्वप्ने जेनो छेये आछे विश्वेर आकाश
फूलगुलि गाए एसे पड़े रूपसीर परशेर मतो
पराने पुलक बिकोशिया बहे केनो दखिना बातास
जेथा छिलो जतो विरहिणी सकलेर कुड़ाए निश्वास।'

(यौवन स्वप्न)

(मेरे यौवन-स्वप्न में जैसे छाया हुआ है विश्वाकाश, फूल हमारी देह को छूते हैं ऐसे जैसे प्रेयसी का स्पर्श, प्राणों को पुलकित कर मलय पवन क्यों बह रहा है जिसमें जितनी भी विरहणियाँ थी, सबका नि:श्वास संचित है।)

सम्भवत: इसी सौन्दर्य को देख आदिकवि की भाँति कवि-मानस से यह स्वर गुंजरित हुआ—

'मरिते चाहिना आमि सुन्दर भुवने'

यद्यपि रवीन्द्रनाथ ने 'कड़ि ओ कोमल' के रचना-काल में बाल-कविताएँ, ब्राह्म संगीत, स्वदेश संगीत आदि विषयों पर भी कविताएँ लिखीं परन्तु ये सारे विषय गौण रूप में ही आए हैं एवं नारी-रूप तथा उसकी भंगिमाओं के वर्णन की प्रचुरता है।

रवीन्द्रनाथ के काव्य-विकास में 'कड़ि ओ कोमल' के उपरांत 'मानसी' का महत्त्वपूर्ण स्थान है। 'मानसी' काव्य-ग्रंथ की कविताओं में प्रेम की देहहीन भावमूर्ति को ही अधिक सम्बोधित किया गया है। निम्नोक्त उदाहरण से यह स्पष्ट हो जाता है—

'नित्य तोमाय चित्त मनिया स्मरण करि,
विश्वविहीन बिजने बसिया बरण करि,
तुमि आछो मोर जीवन-मरण हरण करि,

तुमि प्रशान्त चिर निशिदिन,
आमि अशान्त विराम विहीन चंचल अनिवार,
जतो दूर हेरि-दिग्-दिगंते, तुमि-आमि एकाकार।'

(ध्यान, मानसी)

(नित्य तुम्हें चित्त मान स्मरण करूँ,
विश्वविहीन एकान्त में बैठ वरण करूँ,
तुम हो, मेरे जीवन-मरण को हरा कर,

तुम प्रशान्त चिर निशिदिन,
मैं अशान्त, विराम-विहीन, चंचल अनिवार
दिग्-दिगंत में जितनी दूर देखूँ, तुम में एकाकार!)

श्री प्रमथ नाथ बिशी, विख्यात रवीन्द्र विशेषज्ञ ने रवीन्द्रनाथ की नारी के प्रति प्रेमपरक कविताओं के सम्बन्ध में लिखा है—

'रवीन्द्रनाथ ने अनेक प्रेम कविताएँ लिखी हैं, परन्तु उनमें से अधिकतर, प्रेमी से अधिक प्रेम पर लिखी गई हैं। सगुण प्रेम की अपेक्षा निर्गुण प्रेम के प्रति उनका आकर्षण अधिक है। प्रेमी पर भी कई कविताएँ हैं, जिनमें से अधिकांश 'मानसी' में हैं।' (रवीन्द्र-काव्य-प्रवाह, पृ. 50) 'मानसी' की अधिकतर कविताओं में प्रेमी की विरह व्यथा को व्यक्त किया गया है। 'मानसी' का कवि व्यग्र होकर कहता है—''बसन्त नाई ए धराए आर आगेर मता...'' (वसन्त इस धरा पर अब पहले-सा नहीं है...)। मानसी की प्रेमपरक कविताओं में 'नारीर उक्ति' तथा 'पुरुषेर उक्ति' उल्लेखनीय परिपूरक कविताएँ हैं। 'नारी उक्ति' में

नारी का पुरुष के प्रति एकनिष्ठ प्रेम तथा 'पुरुषेर उक्ति' में पुरुष का स्त्री का अहेतुक प्रेम में उद्भ्रान्त हो जाना, इन कविताओं का सार है।

विश्व कवि की एक श्रेष्ठ कविता है, 'सोनारतरी' काव्य-संग्रह की 'मानस-सुन्दरी'। कविवर ने इसमें कविता सुन्दरी को सम्बोधित कर अपने हृदयोद्‌गार प्रकट किए हैं एवं अपनी शृंगारप्रियता को कल्पना की उड़ान से अद्वितीय रूप दिया है। यहाँ कवि की 'प्रेयसी', 'कल्पना लता' आजन्म साधन धन है। कवि उसे लेकर भावाकाश में विचरण करता है। अपने हृदयगत भावों एवं उच्छवास को वे इस प्रकार व्यक्त करते हैं—

'शुधु एकबार काछे बसो, आज शुधु कुंजन-गुंजन
तोमाते-आमाते, शुधु नीरवे गुंजन,
एई संध्या किरणें सुवर्ण मदिरा
जतक्षणे अन्तरेर शिरा-उपशिरा
लावण्य प्रवाह भरे, भरि नाई उठे
जतक्षणे महानंदे नाहि जाए टूटे, चेतना-वेदना बन्ध।'

(मानस-सुन्दरी)

(बैठो पास सिर्फ एक बार, आज केवल कुंजन-गुंजन
तुममें और मुझमें, केवल नीरव गुंजन,
इस साँझ की किरणों में स्वर्ण-मदिरा
जब तक अन्तर्मन की शिरा उपशिराओं में
लावण्य प्रवाह भरा न दे, जब तक टूट न जाए
महानन्द में चेतना वेदना बन्धन।)

कवि को केवल इतने से ही सन्तोष नहीं होता, वह आगे कहता है—

'अर्थेक अंचल पाति बसाओ यतने, पार्श्व तबो।
सुमधुर प्रिय सम्बोधने डाको मोरे, बलो प्रिय, बलो प्रियतम।
कुंतल-आकुल मुख बक्षे राखि मम हृदयेर काने-काने अति मृदु भाषे,
अर्थहारा भावे भरा भाषा।'

(मानस सुन्दरी)

(प्रिये, आधा अंचल जतन से अपने पार्श्व में बिछाओ
सुमधुर प्रिय सम्बोधन से पुकारो मुझे, कहो प्रिय, प्रियतम
कुंतल-आवृत्त चेहरा मेरे वक्ष पर रखकर मेरे हृदय के कानों में
मृदु भाव से बोलो कुछ अर्थरहित, भावयुक्त भाषा।)

महाकवि की 'मानस-सुन्दरी' में मानसिक, शारीरिक और प्राकृतिक सौन्दर्य का अद्‌भुत समन्वय है जो उनकी सौन्दर्य और शृंगार-प्रियता का परिचायक है। वे अपनी प्रियतमा से कहते हैं—

'आमि प्रिया, चुम्बन भंगिबो जबे, ईशत हासिया, बाँकायो न ग्रीवाखानी,
फिरायो न मुख।'

(मानस सुन्दरी)

(हे प्रिया, जब चुम्बन माँगू, मुस्कराकर, गर्दन घुमाकर, मुख न फेर लेना।)

'मानस-सुन्दरी' के रचनाकाल के दौरान, कवि ने एक पत्र में लिखा था—''कविता बहुत दिनों से ही हमारी प्रेयसी रही है। जब मेरी उम्र रथी (रवीन्द्रनाथ के पुत्र रथीन्द्रनाथ) के समान थी तभी से वह मेरी वाग्दत्ता थी। तब से तालाब के किनारे, वट-वृक्ष के नीचे, घर के अन्दर एवं बाहर दास-दासियों के मुख से सुनी परियों की कहानी और लोरियों ने मेरे मन में एक माया-जगत का निर्माण कर दिया था।'' (रवीन्द्र जीवनी, प्रभात कुमार मुखोपाध्याय, पृ. 175)

'सोनारतरी' की 'व्यर्थ यौवन, 'हृदय-यमुना' आदि विशुद्ध प्रेममय कविताएँ हैं। 'निरुद्‌देश्य यात्रा' कविता में कवि प्रेम-मार्ग का पथिक है एवं अपनी रोमांटिक अनुभूति को इस प्रकार व्यक्त करता है—

'आर कतो दूरे, निए जाबे मोरे, हे सुन्दरी!
बलो कोन पार भिड़िबे तोमार सोनारतरी,
जखन सुधाई ओ गो बिदेशिनी
तुमि हासो शुधु मधुर हासिनी
बुझिते न पारि की जानी कि आछे तोमार मोने।'

(निरुद्‌देश्य यात्रा)

(और कितनी दूर ले जाओगी मुझे, हे सुन्दरी!
बोलो किस पार लगेगी तुम्हारी सोने की नौका
जब भी पूछता हूँ, हे विदेशिनी
तुम हँस देती हो, मधुर हासिनी,
समझ न पाऊँ, न जाने क्या है तुम्हारे मन में।)

इसी प्रकार एक अन्य काव्य-संग्रह 'चित्रा' में भी कई प्रेमपरक कविताएँ हैं, जिनमें कवि अपनी प्रेयसी को सम्बोधित कर कहता है कि, हे विचित्र रूपिणी, इस संसार में तुम्हारे कितने विचित्र रूप हैं—

'जगतेर माझे कतो विचित्र तुमि हे, तुमि विचित्र रूपिणी।'
(चित्रा)

यह प्रेयसी और कोई नहीं बल्कि, रवीन्द्रनाथ की प्रिया, प्रियतमा है जिस, विश्वमोहिनी, विश्वव्यापिनी एवं अन्तरशायिनी के लिए कभी कवि कहते हैं—"आमि कवि तारि तरे अनिचाछि माला" (मैं कवि उसके लिए ही लाया हूँ माला), तो कभी—"आमि तबो मालंचरे हबो मालाकार" (मैं तुम्हारे बाग का बनूँगा मालाकार)।

'चित्रा' संग्रह की सर्वाधिक विख्यात कविता है 'उर्वशी'। यह वह कविता है, जिससे आधुनिक भारतीय भाषाओं के तत्कालीन सभी कवि प्रभावित हुए थे। आलोचकों का कहना है कि यह एक अतुलनीय कविता है, विशेषकर शृंगार-रस की दृष्टि से। महाकवि की यह अनुपम सृष्टि है। वास्तव में शृंगार-रस इस कविता में पराकाष्ठा को पहुँच गया है। 'उर्वशी' में कवि ने मोहिनी नारी के अलौकिक सौन्दर्य की स्तुति की है। कवि ने कल्पना की है कि उर्वशी का आविर्भाव सिंधु के विशाल गर्भ से है। कवि ने उसे 'अनंत यौवना' की संज्ञा दी है। वह युग-युगांतर से विश्व की प्रेयसी है। कवि रवीन्द्रनाथ की यह कृति कोई साधारण कृति नहीं है। शब्दों में उसकी व्याख्या नहीं की जा सकती। उर्वशी के लिए पूरा विश्व रोदन करता है। जब वह देवताओं की सभा में पुलकित और उल्लसित होकर नाचती है, तब छंद-छंद से सिंधु के मध्य से लहरें नाच उठती हैं। उसके स्तन-भार से आकाश पटल पर तारे खिसक पड़ते हैं। इतना होते हुए भी महाकवि ने इस कविता की समाप्ति अत्यंत कलात्मक ढंग से की है। इस सौन्दर्य को कवि

प्राचीन युग की कल्पना में डुबो देते हैं। उस गौरव-गाथा के अस्त हो जाने की स्मृति मात्र कवि को रुला देती है। पुनः वसन्त की वायु में विरह के उच्छ्वास उठते हैं और हृदय के रोदन में एक आशा को जगाकर मुक्त उर्वशी का सौन्दर्य अन्तर्हित हो जाता है।

'चित्रा' की उर्वशी में यदि मुग्धा नारी के श्रृंगारिक सौन्दर्य का वर्णन हुआ है तो उसी संकलन की एक अन्य कविता—'स्वर्ग होइते विदाय' (स्वर्ग से विदाई) में नारी के आदर्श, सौम्य एवं शान्त रूप का गुणगान किया गया है। 'उर्वशी' की उर्वशी किसी के लिए प्रार्थना नहीं करती, न किसी के जीवन से चले जाने पर शोक करती है। परन्तु 'स्वर्ग विदाय' में कवि की प्रेयसी, प्रियतमा, 'उर्वशी' अप्सरा से सर्वथा भिन्न है। वह तो बालिकावस्था से ही सुधा का भंडार संचित करके रखती है। शिशुकाल से ही नदी के किनारे शिवमूर्ति गढ़कर उनको (यानी महाकवि को) पति के रूप में वर माँग लेती है। संध्या होने पर जलते हुए प्रदीप को जल में बहाकर शंकित और कंपित हृदय से एकाग्रचित देखती हुई घाट पर अकेली खड़ी हो वह अपने सौभाग्य की आकांक्षा करती है। कवि कहते हैं—

'एकदा सुक्षणे
आसिबे आमार घरे से नत नयने
चन्दन चर्चित भाले, रक्त पटाम्बरे
उत्सवेर बाँशीर संगीते। तार परे
सुदिने दुर्दिने कल्याण कंकण करे
सीमंत सीमाय मंगल सिन्दूर बिन्दु
गृह लक्ष्मी दुखे-सुखे, पूर्णिमार इन्दु
संसारेर समुद्र शियरे।' (स्वर्ग होइते विदाय)

(एक दिन, शुभ क्षण में
आएगी वह मेरे घर में नत नयन से
चन्दन-चर्चित भाल (कपाल), लाल वस्त्र में
उत्सव की बांसुरी-संगीत में (के साथ)
फिर सुदिन हो या दुर्दिन, हाथ में कल्याण-कंकण धारण कर
माँग में सिन्दूर का मंगल बिन्दु (बिन्दी) लगाकर

गृह-लक्ष्मी मेरी पूर्णिमा की चन्द्रमुखी के समान, दुख एवं सुख में
संसार-समुद्र के किनारे बैठ मेरी चिन्ता करेगी।)

इस प्रकार विश्वकवि ने नारी के दो रूप प्रस्तुत किए हैं, जहाँ एक ओर वे सौन्दर्य के उपासक हैं, दूसरी ओर नारी की सरलता, उसके सीधे-सादे रूप और आस्था पर मुग्ध हैं।

कवि ने 'बालाका' काव्यग्रंथ की 'दुईनारी' कविता में पुनः नारी के दोनों रूपों को स्मरण किया है। एक है उर्वशी, सुन्दरी विश्व के कामना-राज्य की रानी, अप्सरी और दूसरी है लक्ष्मी, कल्याणी, विश्व की जननी एवं दयामयी। काम एवं प्रेम के जिस द्वंद्व को आधार बनाकर रवीन्द्रनाथ अपने जीवन-पथ पर चले, वह हम सबका आन्तरिक-बाह्य द्वंद्व है। रवीन्द्रनाथ ने नारी देह के लावण्य का, नारी सम्पर्क से उत्पन्न सिहरन का कभी परित्याग नहीं किया परन्तु उन्होंने प्रेम के बाह्य आवरण अर्थात् वासना, भोग एवं कामुकता का सर्वथा परित्याग किया।

'चैताली' काव्यग्रंथ की अनेक कविताओं में नारी सौन्दर्य के प्रति कवि का अनुराग है। 'चैताली' रचनाकाल में प्रेम और सौन्दर्य के मधु से उनका जीवन-पात्र पूर्ण रूप से भर गया था जिसका आभास चैताली की प्रथम कविता से ही होता है—'आज मेरे द्राक्षाकुंज बन में गुच्छ-गुच्छ फल लगे हैं, पूर्ण परिपक्व फलों से समस्त जीवन फलित हो उठा है।' (उत्सर्ग, चैताली)। इसी प्रकार 'संचयिता' की एक अन्य कविता 'मानसी' में कवि नारी को सम्बोधित कर कहते हैं—"हे नारी, तुम केवल विधाता की कारीगरी नहीं हो, पुरुष ने भी तुम्हारे निर्माण में योगदान दिया है, उसने (कवि ने) सदैव अपनी नूतन अमरता प्रदान की है। समुद्र ने अपने मोती दिए हैं, खाने सोना देती हैं, वन पुष्प देता है...। तुम आधी मानवी और आधी कल्पना हो।" (मानसी, संचयिता, पृ. 283)

रवीन्द्रनाथ की काव्य-साधना का मूल ससीम और असीम की मिलन-लीला है। इस मिलन-लीला को कवि ने नरनारी की मिलन-विरहलीला के रूपक द्वारा व्यक्त किया है। रवीन्द्रनाथ का 'जीवनदेवता' कभी प्रियतम है तो कभी प्रियतमा। वास्तव में रवीन्द्रनाथ में जितनी आध्यात्मिकता है, प्रेम और यौवन का स्वर भी उनके काव्य में उससे कुछ कम नहीं है। देश तथा

विदेश के अन्य भाषाभाषियों का यह दुर्भाग्य है कि उन्होंने रवीन्द्रनाथ को अधिकतर 'गीतांजलि' के माध्यम से ही जाना है। 'गीतांजलि' की भावधारा तो उनके जीवन के लगभग 45 वसन्त व्यतीत करने के उपरांत दिखाई देती है। 'कड़ि ओ कोमल', 'मानसी', 'सोनारतरी', 'चित्रा', 'चैताली' आदि काव्य-ग्रंथ उनके हृदय की वास्तविक भावधारा हैं, जिससे हिन्दी तथा अन्य भाषा-भाषी पाठक कम ही परिचित हैं। कविता वास्तव में जीवन-भर उनकी प्रेयसी बनी रही—

'एसो तुमि प्रिये
आजन्म साधन-धन सुन्दरी आमार
कविता कल्पना लता।' (मानस-सुन्दरी)

जब भी रवीन्द्र-काव्य का विश्लेषण करने बैठती हूँ, तो रवीन्द्र-काव्य की इतनी दिशाएँ, इतनी प्रवृत्तियाँ उन्मोचित होने लगती हैं कि उन सबको समेटना दुष्कर हो जाता है। लगता है जैसे सागर किनारे सीपियाँ चुन रही हूँ। 'रवीन्द्र-काव्य में नारी और प्रेम' भी सिन्धु में बिन्दु तलाशने जैसी उपलब्धि रही है।

3

टैगोर के सांगीतिक सृजन का सम्पूर्ण सर्वेक्षण

बांग्ला काव्य-संगीत जगत में रवीन्द्रनाथ एक व्यक्ति नहीं बल्कि एक युग हैं। काव्य एवं संगीत, दोनों में ही उनकी प्रतिभा का अपूर्व योगदान है! उनका काव्य एवं उनका संगीत, समानान्तर मानो रथ के दो पहियों के समान, राजमार्ग पर अग्रसर होते हैं। रवीन्द्र के काव्य एवं संगीत एक-दूसरे के परिपूरक हैं।

रवीन्द्रनाथ ने करीब दो हजार दो सौ पचास गीतों की रचना की और उन्हें स्वरबद्ध किया। इनमें से करीब दो सौ गीतों के सुरों को किसी भी प्रकार से संचित नहीं किया जा पाया। अत: हम कह सकते हैं कि हम टैगोर के दो हजार गीतों के उत्तराधिकारी हैं। रवीन्द्र-संगीत रवीन्द्रनाथ का श्रेष्ठ दान है। रवीन्द्र-संगीत के प्रमुख पक्ष हैं—जिन पर उनका गीत गतिमान है—शब्द एवं सुर।

परन्तु सबसे पहले, कलकत्ता के तत्कालीन सांगीतिक वातावरण एवं टैगोर के पारिवारिक यानी कि जोड़ासांको ठाकुरबाड़ी के सांगीतिक वातावरण को जानना अत्यावश्यक है। कलकत्ता के पाथुरियावादा एवं जोरासांको में ठाकुर या टैगोर परिवार के लोग रहते थे।

उन दिनों अर्थात् उन्नीसवीं सदी के मध्यकाल में कलकत्ता के संगीत अभ्यास की धारा दो दिशाओं में प्रवाहित थी। एक तो कलकत्ता की प्राचीन परम्परा के अनुरूप पदावली कीर्तन, श्यामा संगीत तथा पदावली प्रभावित कीर्तन, श्यामा संगीत तथा पदावली प्रभावित भांगा कीर्तन के सुर प्रचलित थे। राजा राममोहन द्वारा प्रवर्तित ब्रह्म संगीत में रागसंगीत के साथ-साथ इस कीर्तन के सुर का प्रभाव काफी मात्रा में था।

देश के धनवान व्यक्तियों के पृष्ठपोषण में कुछ अन्य धाराओं के गीत भी प्रचलित थे। विलासी जमींदारों के मनोरंजन के लिए कवि तरजा अखड़ाई ढप खेमटा आदि जो निम्न रुचि के परिचायक माने जाते रहे, और रुचिशील, धनवान एवं समृद्ध विशिष्ट समाज में था शास्त्रीय संगीत का चलन। विष्णुपुर एवं उत्तर-भारत के विभिन्न घरानों के उस्ताद उन दिनों कलकत्ता में इन धनवानों के यहाँ रहते थे। उनसे तालीम हासिल करके यहाँ कई संगीत के कलाकरों का उद्‌भव हुआ था। इनके अतिरिक्त, उस काल में मुगल दरबार के कई उस्ताद अपना बोरिया-बिस्तर लेकर आश्रय की तलाश में पूर्वांचल विशेषकर कलकत्ता आ पहुँचे थे। इसमें पहले बंगाल के विष्णुपुर में विभिन्न शास्त्रीय गीत शैली का, खासकर ध्रुपद राग संगीत का अभ्यास प्रचलित था। विष्णुपुर घराने के कई गायकों ने कलकत्ता पहुँचकर, कलकत्ते के संगीत-जगत को बहुमात्रिक रूप प्रदान किया था।

बांग्ला संगत में सर्वप्रथम निधुबाबू (रामनिधि गुप्त) के द्वारा प्रवर्तित 'टप्पा' के माध्यम से ही बांग्ला गीतिकाव्य अथवा लिरिक्स को आदर भी प्राप्त हुआ था और साथ ही साथ इसने प्रेम-गीतों (तरजा, अखड़ाई वालों के श्रृंगार रस से प्रभावित गीत) को भी प्रभावित किया था। यानी साधारण श्रोताओं द्वारा पसन्द किए जाने वाले प्रेम-गीतों को इससे पुष्टि मिली थी। यद्यपि उन दिनों निधुबाबू का 'टप्पा' अभिजात समाज में ग्रहणीय नहीं था, तथापि इसके सुर और लय की उपेक्षा, बिहारीलाल, ज्योतिरिन्द्रनाथ ठाकुर, रवीन्द्रनाथ ठाकुर यानी कि ठाकुर परिवार के लोगों ने नहीं की थी।

कलकत्ता के बाहर नदीया-कृष्णानगर अंचल में संगीत-चर्चा का जो प्रमुख केन्द्र था, वहीं से ब्रह्मसमाज और जोड़ासांको के ठाकुर-परिवार के महत्त्वपूर्ण संगीत-शिक्षक विष्णु चक्रवर्ती ने शिक्षा प्राप्त की थी। कलकत्ता के शास्त्रीय संगीत-अध्ययन के इतिहास में एक और उल्लेखनीय नाम नारायण चट्टोपाध्याय है—जो किशोर यदु भट्ट (विख्यात शास्त्रीय संगीतज्ञ) के गुरु थे। सन् 1830 में विष्णुजी ने ब्रह्मसमाज में संगीत गुरु का आसन प्राप्त किया। रवीन्द्रनाथ ठाकुर का प्रथम गुरु इन्हें ही कहा जा सकता है। और यदु भट्ट का भी उन पर काफी प्रभाव था। रवीन्द्रनाथ चूँकि तत्कालीन समाज के ख्यातिलब्ध विशिष्ट परिवार की सन्तान थे, अतैव उस काल के विशिष्ट परिवार की 'संस्कृति' से प्रभावित थे। संगीत-शिक्षण उस विशिष्ट संस्कृति

का एक महत्त्वपूर्ण अंग था। उच्चवर्गीय बंगाली समाज में संगीत का अभ्यास एक सम्मानजनक बात थी।

मुगल दरबार के विख्यात उस्तादों का एक दल आश्रय ढूँढ़ते हुए कलकत्ता आ चुका था। उनके चरण केवल मटियाबुर्ज के वाजिद अली शाह संगीत केन्द्र में ही नहीं, बल्कि शोभाबाजार, जोड़ासांको, पाथुरियाघाटा आदि स्थानों के अभिजात घरों में भी पड़े थे। इन परिवारों में नियमित रूप से शास्त्रीय, ध्रुपद, खयाल, टप्पा, ठुमरी आदि का गायन होता था।

पाथुरियाघाटा के राजघराने में राजा सौरीन्द्रमोहन एवं यतीन्द्रमोहन ठाकुर संगीत प्रेमी ही नहीं संगीत-गुणी भी थे। विष्णुपुर के क्षेत्रमोहन गोस्वामी पाथुरियाघाटा राजमहल में संगीत की शिक्षा देते। सौरीन्द्रमोहन उन्हीं के छात्र थे। उन दिनों ग्रामोफोन रेकार्ड का प्रचलन नहीं था। अतः क्षेत्रमोहन, ज्योतिरिन्द्रमोहन प्रमुख संगीतकारों के प्रयास से स्वरलिपि लेखन का प्रचलन हुआ था और कई राग-रागिनियाँ लिपिबद्ध की गई थीं। ब्रह्म समाज में मूर्ति पूजा या अन्य कर्मकांड कम होने के कारण प्रार्थना संगीत पर ज्यादा ध्यान दिया जाता था, अतैव यह एक महत्त्वपूर्ण कारण था कि रवीन्द्रनाथ का रागसंगीत यानी शास्त्रीय संगीत के प्रति आकर्षण बढ़ा और हिन्दुस्तानी बंदिश तोड़कर बांग्ला गीत को स्वतंत्र आकार देने में वे सक्षम हो सके। ज्योतिरिन्द्रनाथ ठाकुर न केवल रवीन्द्रनाथ के अग्रज थे बल्कि संगीत गुरु भी थे। उनका कई घरानों के गायक और गायन दोनों से परिचय था। अतैव संगीत रचना के क्षेत्र में उन सबका प्रभाव द्रष्टव्य है। ऐसे वातावरण में रवीन्द्र-प्रतिभा का उन्मेष और विकास हुआ।

कवीन्द्र के जीवन के प्रारम्भ से ही गीत-संगीत के साथ उनकी आत्मीयता बन चुकी थी। अपनी 'जीवनास्मृति' (आत्मजीवनी) में उन्होंने लिखा है—'विष्णुदादा के पास स्थानीय गीत मैंने शिशुकाल से ही सीखना आरम्भ किया था। गीत की उस पाठशाला में जो पहला गीत मैंने सीखा वह ग्रामीण लोक-कविता (बांग्ला में 'छड़ा') थी।' परवर्ती काल में शास्त्रीय संगीत शिक्षण भी आरम्भ हुआ—'कन्धे पर तम्बूरा लेकर गायन का अभ्यास किया है। कल (हारमोनियम) दबाकर सुरों की गुलामी नहीं की।' इस प्रकार, संगीत सीखने की सहज-सरल पद्धति एवं पारम्परिक शास्त्रीय-गायन दोनों के माध्यम से ही रवीन्द्रनाथ की संगीत-साधना का विकास

हुआ। परन्तु गीत के उपकरण चाहे लौकिक हों या शास्त्रीय सृष्टि की सहजता का आनन्द, वही रवीन्द्र प्रतिभा का मूलमंत्र था। और इसी सहज सरल दृष्टिकोण के कारण, परवर्तीकाल में रवीन्द्रनाथ के संगीत में राग-प्रयोग में बहुमुखी वैचित्र्य का सन्धान मिलता है, विशेषकर उनकी परिणत उम्र की स्वतंत्र सृष्टियों में।

पर रवीन्द्र के संगीत, साहित्य, देशप्रेम सब कुछ पर प्रभाव एवं प्रेरणा के रूप में ज्योतिरिन्द्रनाथ का ही नाम आता है बार-बार जिन्हें वे प्यार से 'ज्योतिदादा' कहते थे। अपनी 'गीतचर्चा' अध्याय में वे लिखते हैं—'एक समय था जब ज्योतिदादा पियानो बजाकर नए-नए सुर बनाते! उन दिनों उनकी उगलियाँ सुर के, लय के साथ-साथ थिरकती रहतीं और सुरवर्षण करतीं। मैं शब्दों के माध्यम से उन नवजात सुरों को बाँधने की कोशिश करता।' (जीवनस्मृति)

(ख) काव्य से गीत की यात्रा (गीतोवितान): रवीन्द्र-संगीत की विषयपरक विविधताएँ (पूजा, स्वदेश, प्रेम, प्रकृति...आदि)।

ललित कला की सभी शाखाओं में रवीन्द्र प्रतिभा का प्रसार होने के बावजूद अन्ततः रवीन्द्रनाथ ने अपने एक ही परिचय को सच माना है—कि वे कवि ही हैं। परन्तु यह भी सच है कि अपने कवि जीवन की परम वाणी एकमात्र संगीत के माध्यम से ही कह पाए हैं—'लागलो भालो मन भोलानो, एई कथाटाई गेये बेड़ाई।' कविता के समानान्तर गीत भी रचते गए। कविता में जैसे प्रेम, प्रकृति, पूजा (प्रार्थना) और स्वदेश का अनुष्ठान, उनके गीतों में भी वही वैचित्र्य द्रष्टव्य हैं।

रवीन्द्रनाथ अपने स्वरचित गीतों के संकलन प्रकाशित करवाने को लेकर उतने आग्रही नहीं थे जितने कि उनके प्रशंसक मित्रगण। इसीलिए उन मित्रों के आग्रह पर कुछ गीत-संग्रह 'रविच्छाया', 'प्रवाहिनी', 'काव्यग्रंथावली', 'गीत', 'धर्मसंगीत', 'वैकाली', 'गीतिचर्चा' एवं सर्वोपरि 'गीतोवितान' आदि प्रकाशित हुए थे। इनमें से एकमात्र 'गीतोवितान' के अतिरिक्ति बाकी संग्रहों में गीतों के विषय-विभाग उतने सुनिश्चित नहीं थे। धर्मसंगीत, जातीय संगीत, बाउल गीत आदि विभागों में ही वे सीमित थे। वैसे यह बात भी माननी पड़ेगी कि जिस काल में ये गीत प्रकाशित हुए थे तब तक रवीन्द्रनाथ के गीतों का सृजन समाप्त नहीं हुआ था। इसी कारण उन संकलनों को रवीन्द्रगीत का पूर्णांग संकलन नहीं कहा जा सकता।

सर्वप्रथम 'गीतोवितान' में ही रवीन्द्रनाथ के समस्त गीत एकत्रित किए गए और विषय के अनुरूप सजाए गए। वैसे गीतोवितान के प्रथम संस्करण में यह विषयानुक्रम नहीं था। 'गीतोवितान' जब पहली बार प्रकाशित हुआ तब काल यानी गीतों की रचना के समय के अनुसार गीतों को सजाया गया था। परन्तु वह विन्यास रवीन्द्रनाथ को पसन्द नहीं आया था। उनकी चेतना के जगत् ने कभी भी तथ्यों के नीरस बन्धन को स्वीकार नहीं किया था, और इसीलिए शायद उन्होंने चाहा था कि उनके गीतों को भावों के अनुसार क्रमबद्ध किया जाए। अतएव 'गीतोवितान' के दूसरे संस्करण में हमने पाया कि, स्वयं रवीन्द्रनाथ द्वारा किया गया गीतों का विन्यास—भावों के अनुसार। 'गीतोवितान' के दूसरे संस्करण की भूमिका में उन्होंने लिखा था—'गीतोवितान जब प्रथम प्रकाशित हुआ था, तब सम्पादक जल्दबाजी में गीतों को विषयानुरूप सजा नहीं पाए थे। इससे विन्यास में ही विघ्न नहीं पहुँचा, साहित्यिक दृष्टि से भी रसबोध को हानि पहुँची। इसीलिए इस संस्करण में भावों को दृष्टि में रखते हुए गीतों को सजाया गया है। इससे सुर का ज्ञान न होने पर भी पाठक कम से कम गीति-काव्य के रूप में इन गीतों को समझ पाएँगे।'

इस उक्ति से एक बात प्रमाणित हो जाती है कि कवि सुर के सहयोग के बिना ही गीति-कविता के रूप में इन गीतों को पाठकों को उपहार में देना चाहते थे। रवीन्द्रनाथ की सृष्टि ईश्वर, मानव एवं प्रकृति—इन तीनों में व्याप्त है। इन तीनों से होते हुए ही कवि का काव्य अथवा संगीत में मानसाभिसार है। इसीलिए उनके गीतों में, एकान्त में प्राणों के देवता का आह्वान जैसे सुनाई पड़ता है, जैसे कवि की भक्ति से विगलित विनम्र व्याकुल निवेदन फूलों की तरह मन को सुरभित कर देता है, वैसे ही मानवीय प्रेम की रहस्यमय गति कभी विरहाभास में तो कभी प्रतीक्षा में व्याकुल प्रेमिका के आँसुओं की तरह हमारी भावनाओं को सिक्त कर देती है, तो कभी प्रकृति की विचित्र लीलाओं की सौन्दर्यमय अभिव्यक्ति हमारे हृदय के गोपनीय तारों में किसी सुदूर का संकेत वहन कर लाती है।

'गीतोवितान' में रवीन्द्रनाथ ने छह 'पर्याय' (विषयपरक विविधताएँ; पूजा, स्वदेश, प्रेम, प्रकृति, विचित्र, आनुष्ठानिक) में से एकमात्र 'पूजा' के गीतों को ही सूक्ष्म विषय-भेद के अनुसार इक्कीस 'उपपर्याय'

(विषयपरक उपशाखाओं) में विभाजित किया था। 'प्रेम' के गीत दो 'उपपर्याय' एवं 'प्रकृति' के गीत केवल ऋतु के अनुसार विभाजित किए गए हैं। 'स्वदेश' के गीतों का कोई 'उपपर्याय' नहीं है। विभिन्न अनुष्ठानों के उपलक्ष्य में रचे गए गीत 'आनुष्ठानिक' पर्याय में हैं और जो अवशिष्ट गीत (यानी शेष गीत) जो इनमें से किसी भी 'पर्याय' में नहीं आते हैं, उन्हें 'विचित्र' में रखा गया है। इस प्रकार गीतोवितान के गीतों को विषय के अनुरूप विभाजित कर रवीन्द्रनाथ ने इन गीतों को काव्य के तुल्य मर्यादित किया।

रवीन्द्रनाथ अपनी आध्यात्मिक चेतना से सृष्ट गीतों को ब्राह्म संगीत या धार्मिक संगीत की सीमा से बाहर निकाल कर 'पूजा' की सार्वजनीनता (या कहें कि 'विश्वजनीनता') के स्तर पर ले आए थे। रवीन्द्रनाथ की अध्यात्म चेतना का अर्थ केवल 'ईश्वर' से सम्बन्धित भक्ति-चेतना नहीं था। रवीन्द्रनाथ ने अपने 'ईश्वर' या 'देवता' को ढूँढ़ा था एक अन्तर्मुखी भावना के माध्यम से। हमारे हृदय में ही उस 'परम सुन्दर' का वास है—बाउल गीतों का यही तत्त्व कवि तथा गीतकार रवीन्द्र के मन में न केवल हलचल मचा रहा था बल्कि उनके कई गीतों में इसका प्रभाव दृश्यमान है। किसी भी 'पर्याय' के गीत में उस विराट 'मैं' के साथ इस 'क्षुद्र' 'मैं' का एक निकट सम्बन्ध अनुभव किया जा सकता है।

रवीन्द्रनाथ की कवि-कल्पना किस पथ से इन 'पर्यायों' में परिक्रमा करती रही है, यदि हम इस पर विचार करें तो पाएँगे कि कुछ विशेष अनुभूतियों ने रवीन्द्रनाथ की कवि-चेतना में सृष्टि का उत्साह जुटाया है। इनमें से एक है—अरूप की अनुभूति। उनकी समस्त सृजन-कला के पीछे एक अनदेखी शक्ति का अदृश्य नियंत्रण रहा है, इस बात का रवीन्द्रनाथ ने कई जगहों पर उल्लेख किया है। 'पूजा' पर्याय के एक गीत का उदाहरण के तौर पर उल्लेख किया जा सकता है—

'दाड़िएँ आछो तुमि आमार गानेर ओपारे...'

हिन्दी अनुवाद :
तुम्हारी वीणा हमारे हृदय में
अरूप तुम्हारी वाणी

खड़े हो तुम मेरे गीत के उस पार
प्रभु तुम्हारी वीणा
तुम निस्संग घर में बैठे थे
फिर न जाने कब मैं बाहर निकल पड़ा
होगा मिलन तुम्हारा-मेरा, इसीलिए
सीमा के बीच असीम तुम
किया है मुझे तुमने अशेष
मेरी अनकही बातों का
अहा! तुम्हारे साथ प्रणों का सह खेल...

अब 'प्रेम' पर्याय

'आमार मोनेर माझे जे गान बाजे...'

हिन्दी अनुवाद :
मेरे मन में जो गीत गूँजा...
जिस छाया को पकड़ना चाहूँ
ओरे मेरे हृदय मेरे
आकाश में आज किनके चरणों का आना-जाना
मेरे कंठ से गीत किसने चुरा लिया
बजी किसकी वीणा
बनाओ मुझे तुम अपनी वीणा
मेरे जीवन को लेकर कौन-सा खेल खेलोगे
सुलीन सागर के श्यामल किनारे...

'प्रकृति' पर्याय का एक उदाहरण—

हिन्दी अनुवाद :

कुसुमे-कुसुमे चरणों चिह्न दिए जाओ...
इन फूलों में अपने चरण-चिह्न छोड़ जाओ

तुम कितने मनोहर
नहीं है रस, नहीं है,
हे तापस, तेरे शुष्क कठोर रूप के गहरे रस में
आओ श्यामल-सुन्दर
गगन-गगन में, क्या खेल खेलोगे तुम प्रिय
आज सावन धन गगनमोह में गोपन
तेरे चरण पड़े
आओ हे आओ सजल घन बादल बरसन...

एक बात उल्लेख योग्य यह है कि उपरोक्त गीतों में समर्पण की भावना अत्यधिक है। 'गीतोवितान' के गीतों में स्वप्नमयता, दूर के साथ एक आत्मीयता, किसी की प्रतीक्षा, आनंद, उत्सव, स्मृति, मानसी आदि कई विशिष्टताएँ हैं।

4

रवीन्द्र-संगीत का सौन्दर्यशास्त्र तथा रस से इसका सम्बन्ध

अपनी युवावस्था में रवीन्द्रनाथ ने 'संगीत की उत्पत्ति और उपयोगिता' शीर्षक से एक निबन्ध की रचना की थी, जिसमें उन्होंने एक स्थान पर लिखा था—'सुर एक प्रकार का वेग है। वह अपने में ही स्पन्दित होता रहता है। संगीत के बोल जैसे अर्थ की उत्पत्ति करते हैं, सुर वैसा नहीं है, वह स्वयं को स्वयं ही व्यक्त करता है। एक विशेष सुर के साथ एक विशेष सुर के संयोग से ध्वनिवेग में एक समता उत्पन्न होती है। ताल उस समवेत वेग को गति प्रदान करता है। ध्वनि का यह वेग (गति) हमारे हृदय में जिस गति (वेग) का संचार करती है, वह केवल एक आवेग गात्र है, उसका कोई अवलम्बन नहीं होता, साधारणत: संसार में कुछ खास घटनाएँ हमारे मन में सुख-दुख पैदा कर मन को विचलित कर देती हैं।...परन्तु गीत के सुर हमारी चेतना को जिस प्रकार आन्दोलित करते हैं, वह बिल्कुल अलग होता है, अनायास होता है। अत: उससे जो हमारे आवेग उत्पन्न होते हैं वे अकारण होते हैं। उसमें हमारा चित्त अपने स्पन्दन की गति से ही अपने को जान लेता है, बाहर की किसी घटना से या व्यवहार से प्रभावित होकर नहीं!' रवीन्द्रनाथ का यह वक्तव्य हान्सलिक के वक्तव्य के साथ पूरी तरह से मेल खाता है। यहाँ यह स्पष्ट हो जाता है कि स्वरूप या धर्म सुर, शब्दों यानी गीत के बोल से बिल्कुल अलग हैं। विशुद्ध संगीत के नन्दनतत्त्व को यहीं से देखना पड़ेगा।

इसके बावजूद सुरवर्जित विशुद्ध काव्य और शब्दवर्जित विशुद्ध संगीत के साथ-साथ शब्दाश्रयी संगी अथवा गीत किसी भी देश की संगीत-संस्कृति

में विशेष रूप से सम्मानित है। शब्द यानी गीत के बोल और सुर मिलकर जैसे रूप-अरूप, ससीम-असीम, जाना-अनजाना, वचनीय-अनिर्वचनीय का मिलन बन जाता है। वैसे सुर का एक श्रव्य रूप है। इसीलिए सुर को अरूप या विमूर्त नहीं कहा जा सकता। परन्तु गीत के बोल जैसे वचन से अनिर्वचनीय में जाना चाहता हो और सुर के अनिर्वचनीय रस जैसी वाणी की वचनीयता में बँध जाना चाहता हो। इसी से सार्थक मिलन होता है, जिसे रवीन्द्रनाथ ने अर्धनारीश्वर कहा है। संगीत कला में काव्य और संगीत के इस मिलन को रवीन्द्रनाथ ने विभिन्न समयों में विभिन्न रूपकों के माध्यम से व्यक्त किया है। कभी कहा है—दोनों कलाएँ जैसे जुड़वाँ बहनें हों, कभी काव्य को संगीत की बहन कहकर उल्लेख किया है, तो कभी काव्य और संगीत को पति-पत्नी कहकर, और कहीं-कहीं तो संगीत पति और काव्य पत्नी। कहीं-कहीं रवीन्द्ररचना में ऐसे दृष्टांत भी मिलेंगे जहाँ काव्य और सुर को सम्पूर्ण कला की दो सौतनों के रूप में वर्णन किया है। इनमें जो बेहतर है वह दूसरे को दबाकर रखता है। बोल और सुर के मिलन के प्रसंग में Helmholtz ने अपने विख्यात ग्रंथ Sensations of Tone में कहा है—

The union of music to words is most important because words can represent the cause of the frame of mind, the object to which it refer, and the feeling which lies at its root, while music expresses the kind of mental transition, which is due to the feeling (Dover publication, New York, 1954 edition, ch. xiv, page 251)

विख्यात संगीतज्ञ Gluck ने चित्रकला के साथ गीत की तुलना करते हुए कहा है कि गीत के बोल जैसे रेखाचित्र की तरह हैं, और सुर वहाँ वर्ण समावेश की तरह है। रवीन्द्रनाथ ने स्वयं Gluck के उद्धरण का उल्लेख किया है—

My idea was that the relation of music to poetry was much the same as that of harmonious calauring and welldisposed light and shade to an accurate drawing which animates the figures without altering their outline.

गीत में शब्द और सुर के महत्त्व को लेकर हमारे देश में भी कम वाद-विवाद नहीं हुए हैं। 1388 बंगाब्द में 'विचित्रा' पत्रिका के कई अंकों में इसके दृष्टांत देखने को मिलेंगे। इस प्रसंग में रवीन्द्रनाथ ने उपेन्द्रनाथ गंगोपाध्याय द्वारा सम्पादित 1388 बंगाब्द के अगहन महीने (December) के अंक में प्रकाशित 'कथा ओ सुर' निबन्धमाला के पंचम निबन्ध में कहा है—

"मनुष्य ने सदैव शब्दों के साथ सुर मिलाकर या कहें कि शब्दों को सुर में 'स्वरब' कर संगीत की सृष्टि की है—अतः सुर अधिक महत्त्वपूर्ण है या बोल इस पर कभी कोई वाद-विवाद नहीं हुआ है। यदि नितान्त विवाद में प्रवेश करना ही है, तो मैं कहूँगा कि इस क्षेत्र में संगीत ही स्वामी है, भाषा को उसने अपना सगोत्र बना लिया है।"

रवीन्द्र-संगीत में प्रयुक्त होनेवाले वाद्य एवं उनके सुप्रसिद्ध कलाकार :

रवीन्द्रनाथ शिक्षा बचपन से ही दी जाती है। शान्तिनिकेतन के आकाश और हवाओं में सुर बहता रहता है। गीत का व्याकरण, ताल-छंद का व्याकरण, दोनों थोड़ी ऊँची कक्षाओं में सिखाए जाते हैं। शान्तिनिकेतन के संगीत भवन में संगीत की कक्षाएँ ली जाती हैं। पाठ्यक्रम के अनुसार गीत सिखाए जाते हैं। इसी समय सरगम, स्वरलिपि, विभिन्न ताल, तालों का मात्रा-विभाजन, राग एवं रागिनियाँ, उनके रीति-प्रकरण, गीत के स्केल आदि सिखाने के साथ तानपुरा (तम्बूरा), इसराज, तबला, आदि वाद्यों के साथ गाने की तालीम दी जाती है। रवीन्द्र-संगीत में तानपुरा और इसराज बहुत महत्त्वपूर्ण वाद्ययंत्र माने जाते हैं! भाषा जिस तरह बच्चे पहले सीखते हैं, फिर उसका व्याकरण सीखते हैं, उसी प्रकार रवीन्द्रनाथ का मानना था कि पहले गीतों को कानों से सुनकर सीखना और फिर उन गीतों का नियम सीखना ही संगीत शिक्षा की सही पद्धति है।

शैलजारंजन मजुमदार, शान्तिदेव घोष, वीरेन्द्रनाथ पालित आदि संगीतकार एवं गायक स्वयं इसराज बजाकर गाते भी थे और सिखाते भी थे। कणिका बंद्योपाध्याय (मोहर), नीलिमा सेन, सुचित्रा मित्र आदि जो रवीन्द्र-संगीत के विश्वविख्यात गायक रहे हैं, इसराज बजाना जानते थे। शुरू-शुरू में शान्तिनिकेतन में हारमोनियम बजाकर गाने का रिवाज न था। परन्तु आजकल हारमोनियम का चलन हो गया है। संगीतभवन के पाठ्यक्रम में इसराज-वादन का दो वर्षीय पाठ्यक्रम है, जिसे सीखना आवश्यक है, और तानपुरा तो अत्यन्त आवश्यक है। शैलजारंजन द्वारा प्रतिष्ठित 'रविरंजनी' संस्था अभी भी केवल तानपुरा-इसराज-तबला की संगत में ही रवीन्द्र-संगीत का अभ्यास और अनुष्ठान करते हैं।

रवीन्द्र-संगीत को समझने के लिए केवल थ्योरी अथवा गायकों और उस्तादों के तत्त्व ही काफी नहीं हैं। इसीलिए रवीन्द्रगान को लेकर शोधकार्य

करना आसान नहीं है, क्योंकि, विभिन्न गीतशैली, असंख्य राग-रागिनियाँ, स्वदेशी-विदेशी कई सुर मिलकर एक हो गए हैं। किसी को अलग से पहचानना मुश्किल है। नवीन सृष्टि करने की इच्छा से रवीन्द्रनाथ द्वारा यह मिश्रण करने के प्रयास में सहजता थी। इसके साथ एक अद्‌भुत प्रतिभा थी उनमें—अन्यीकरण करने की अमिट प्रतिभा।

यह माना जाता है कि संगीत सीखते समय सर्वप्रथम शास्त्रीय संगीत का अभ्यास किया जाए तो फिर किसी भी प्रकार का गीत सहज ही गाया जा सकता है—चाहे वह राग-संगीत हो या रवीन्द्र-संगीत, या लोकगीत या नज़रुल गीत। अतैव वर्तमान में संगीत शिक्षार्थियों को थोड़ा-बहुत शास्त्रीय गायन का अनुशीलन करवाया जा रहा है। रवीन्द्र-संगीत के पाठ्यक्रम में भी शास्त्रीय संगीत आया है।

दूसरी ओर रागाश्रित रवीन्द्र-संगीत में कुछ-कुछ ऐसे सुन्दर एवं अकल्पनीय स्वरमष्टि का रवीन्द्रनाथ ने प्रवेश करवाया है कि जिन्हें सही ढंग से समझ लिया जाए और प्रयोग किया जाए तो वह अत्यंत समृद्ध होगा। सितार-सरोद आदि यंत्रों के माध्यम से रवीन्द्र-संगीत बजाने का प्रथम प्रयास उस्ताद विलायत खाँ जी ने किया था। उन्होंने ही सर्वप्रथम 'भेंगे मोर घरेर चाबी निए जाबी के आमारे' गीत को रिकॉर्ड किया और गीत की स्वरलिपि का हू-ब-हू अनुसरण किया।

रवीन्द्रनाथ ने बचपन में यदुभट्ट प्रधान से शास्त्रीय संगीत की विधिवत् शिक्षा ली थी। कई संगीत विशेषज्ञों ने इस बात को अच्छी तरह से न जानते हुए कवि के शास्त्रीय ज्ञान की सीमा को लेकर कटूक्तियाँ की हैं। कवि के लिए 'राग' एक विशेष भाव था। इसी कारण उन्होंने कहा है—"राग-रागिनियों का उद्देश्य क्या है—भावों को व्यक्त करना, और कुछ नहीं।" सुर की ओर से 'इस भाव' को अभिव्यक्त करने के लिए स्वराश्रित अभिनय की आवश्यकता होती है। इस अभिनय में उच्चारण-भंगिमा अथवा काकु, विचित्र अलंकार एवं ध्वनि का कंपन, आन्दोलन, स्पर्श, गमक आदि का प्रयोग अत्यधिक जरूरी है। परन्तु यह प्रयोग परिमित रूप से किया जाना चाहिए। रवीन्द्रनाथ ने स्पष्ट रूप से कहा है—"Art is never an exhibition but a revelation."

5

रवीन्द्र के गीतिनाट्य, नृत्यनाट्य एवं उनके गीत

यदि कहा जाए कि रवीन्द्र द्वारा रचित नृत्यनाट्य रवीन्द्र प्रतिभा की सर्वश्रेष्ठ अभिव्यक्ति है, तो यह अतिशयोक्ति नहीं होगी। ये वास्तव में नृत्य-गीत समन्वित एक विशेष प्रकार की नाट्यकला है। रवीन्द्र के नृत्यनाट्य अथवा उनके गीतों की चर्चा करते समय अनिवार्य रूप से गीतिनाट्य की बात आएगी ही, क्योंकि बाह्य रूप से गीतिनाट्य और नृत्यनाट्य की स्वरलिपियों सहित मुद्रित रूप अभिन्न लग सकते हैं क्योंकि वे मूलत: गीतों पर आधारित हैं। यानी कि गीतिनाट्य एवं नृत्यनाट्य दोनों में ही गीतों की महत्त्वपूर्ण भूमिका है। अन्तर इतना है कि गीतिनाट्य में जहाँ केवल आंगिक अभिनय (नृत्य नहीं!) के माध्यम से गीतों को रूपायित किया जाता है, नृत्यानाट्य में इन गीतों को नृत्य के माध्यम से रूपायित किया जाता है। इसके अतिरिक्त एक और उल्लेखनीय अन्तर है। गीतिनाट्य के गीत संवाद या कथोपकथन के ही गीतात्मक रूप हैं और गीतिनाट्य में अभिनेता-अभिनेत्रीवृंद स्वयं ही गीत गाकर अभिनय करते हैं। दूसरी और नृत्यनाट्य के गीत मंच के एक ओर अथवा पीछे बैठकर गायक या गायिका गाया करते हैं और नर्तक या नर्तकी (कलाकार) नृत्य का प्रदर्शन करते हुए उस गीत को रूपायित करते हैं। इस प्रकार रवीन्द्रनाथ के गीतिनाट्य और नृत्य-नाट्य में मौलिक अन्तर उनकी प्रस्तुति में ही है। वैसे गीत ही हैं गीतिनाट्य और नृत्यनाट्य के साधारण उपादान। अपने गीतिनाट्य में गीतों की प्रकृति और वैशिष्ट्य तथा गीति-नाट्यों के पारस्परिक अन्तर को लेकर रवीन्द्रनाथ ने स्वयं विवेचानात्मक आलोचना की है। परन्तु अपने नृत्यनाट्यों एवं उनके गीतों को लेकर उस तरह की कोई चर्चा उन्होंने नहीं की है,

यद्यपि नृत्यनाट्य में गीतों की प्रकृति और उनकी विशिष्टता के बारे में चर्चा अत्यन्त आवश्यक है।

रवीन्द्र नृत्यनाट्य की पृष्ठभूमि के रूप में एक लम्बा इतिहास है। साथ ही इतिहास रवीन्द्र नाटक एवं गीत के विवर्तन (उद्भव) का इतिहास भी है। नाटक की ओर से गीतिनाट्य से इसका आरम्भ और नृत्यनाट्य से समापन। बीच में अर्थात् नृत्यनाट्य तक पहुँचने से पहले उन्होंने कई प्रकार के नाटक लिखे हैं, यह सर्वज्ञात है। उनकी नाट्यधारा ने धीरे-धीरे नृत्यनाट्य में जाकर पूर्णता प्राप्त की है। याद आता है—सन् 1926 में रवीन्द्रनाथ ने अपने नाटक 'नटीर पूजा' (नटी की पूजा) में, नृत्य के सर्वप्रथम नाटक के अपरिहार्य प्रतिभा, चित्रांगदा, चंडालिका, श्यामा आदि में नृत्य को अधिक महत्त्व देकर अन्ततः नाट्यकला को नृत्यनाट्य में रूपान्तरित किया। साथ ही, गीतों के माध्यम से अभिनय शैली का अनुसरण कर गीतिनाट्यों के द्वारा गीत की अभिनय-क्षमता एवं गीतों के नाटकों के आधार पर प्रयोग के जो अनुभव रवीन्द्रनाथ ने प्राप्त किए थे—इन सब से उनके नाटकों में गीत भी धीरे-धीरे अपरिहार्य बन गया!

उनके अधिकतर नृत्यनाट्यों में, विशेषकर चित्रांगदा, श्यामा, चंडालिका, इन तीनों में अधिकतर गीत ध्रुपद के अनुसरण में रचे गए हैं। गीत के बोल कथ्यभाषा में और वार्तालाप की शैली में लिखे गए हैं, क्योंकि ये बोल नाटक के थे, अतएव चरित्रों की अभिव्यक्ति के अनुसार ये रचे गए थे। एक उदाहरण द्रष्टव्य है—

अर्जुन— आहा! क्या दुःसह स्पर्धा (तेज)
अर्जुन को करे जो अश्रद्धा (अपमान)
चित्रांगदा— अर्जुन! तुम अर्जुन!

(तब बालकों के वेश में चित्रांगदा और उसकी सहेलियों को देखकर, अर्जुन कहता है—)

अर्जुन— हा हो, हाहा, हाहा, हाहा, बालकों का दल!
माँ की गोदी में चले जाओ, डरो नहीं!
आहा! क्या अद्भुत कौतुक!! (चित्रांगदा)

दूसरा उदाहरण चंडालिका से है—

अनुचर— सात देशों में ढूँढ़ते-ढूँढ़ते
अन्त में यहाँ आया?
भाग्य ने दिया साथ
हुए दर्शन आहा, रक्षा करो!

माता— क्यों क्या चाहिए।

अनुचर— रानी माँ का जला हुआ पंछी, कहाँ गया उड़—
उस शोक से
नींद न आस आँखों में,
ओ चारण की पत्नी।
वापस ला दे मुझे
ओ चारण की पत्नी। (चंडालिका)

चार छंद में लिखित 'चित्रांगदा' नाट्य काव्य के कविता कल्प संवाद (वार्तालाप शैली) को किस प्रकार चौदह मात्राओं के बन्धनों से मुक्त कर उसे नृत्यनाट्य के नृत्योपयोगी गीतों में रूपान्तरित किया है, यह सचमुच द्रष्टव्य है—

चित्रांगदा— क्या सोचते हो नाथ, क्या सोचते हो।

अर्जुन— चित्रांगदा, राजकुमार
जाने कैसी है वह
मैं सोचूँ मन ही मन में...
सुना है प्रेम में है वह नारी
वीर्य में है वह पुरुष
सुना है सिंहासन में है जैसे वह सिंहवाहिनी।
जानती हो यदि प्रिय

चित्रांगदा— छि:, छि: कुत्सित, कुरूप वह।
ऐसे बंकिम भौंहें नहीं हैं उसकी।
ऐसे उज्ज्वल:उज्जल पुतलियाँ।
लक्ष्य वह साध न पाए
कीणांकित हैं बाँहें उसकी

बेध न सके वीरवक्ष
कुटिल कटाक्ष द्वार से।
न लज्जा, न है शंका,
न है निष्ठुर सुन्दर रंग,
न है नीरव भंगिमा की संगीतलीला
इंगित छंद मधुर।

नृत्यनाट्य के गीतों में जिस प्रकार रवीन्द्रनाथ ने पारम्परिक शब्दों/वाक्यों की संरचना को तोड़ दिया, गीत के बोलों को कथ्यरीति के अनुसार बनाने की कोशिश की है, सुर के क्षेत्र में भी परम्परागत सुर देने की रीति को अस्वीकार किया है। उदाहरण के तौर पर—

क) चित्रांगदा से— मोहिनी भाया एलो—मिश्र भैरव
गुरु-गुरु-गुरु घन मेघ गरजे—मिश्र मल्हार
बन्धु, कोन आलो— सिंधु भैरवी
सुनी क्षणे-क्षणे—काफी-तोड़ी
दे तोरा आमाय-मिश्र भैरवी
मणिपुर दुहिता—मिश्र यमन

ख) चंडालिका से नव वसन्तेर दानेर डालि—मिश्र भैरव
ओ गो तोमरा जता पाड़ार भेये—मिश्र काफी
जे आमारे पाठालो—मिश्र वसन्त
चोझे आमार तृष्णा—मिश्र मल्हार
बाछा तुर्र जे आमार—मिश्र केदार

ग) श्यामा से तुमि इन्द्रमणिर हार एनेछो—मिश्र (बाउल, कीर्तन, भैरव)
हे विरही, हाय—मिश्र बेहाग
माया बनो बिहारिणी हरिणी—यमन कल्याण
जीवोने चरम लगन कोरो न हेला—मिश्र भैरवी
धारा से जे देय नाई—मिश्र खम्माज

उपरोक्त तीनों नृत्याट्यों में निर्वाचित गीतों के सुरों में जिन राग-रागिनियों का उल्लेख किया गया है, उनका प्रयोग किसी भी गीत में विशुद्ध रूप से

नहीं हुआ है बल्कि मिश्र रूप में हुआ है। स्वर विन्यास का विश्लेषण करने पर राग-रागिनियों का आभास मिलने के बावजूद यह नहीं कहा जा सकता कि गीतों को स्वरबद्ध करते समय कवि ने राग-रागिनियों की बात स्मरण रखकर सुर बिठाया था। वस्तुतः नृत्यनाट्य के गीतों को सुर से बाँधते समय भी रवीन्द्रनाथ ने लिबर्टी ली थी। पहले ही उल्लेख किया गया कि उनकी एकमात्र मानसा थी कि सुर के माध्यम से संवाद के अन्तर्निहित आवेग को और अभिव्यक्ति को रूप देना।

गीतिनाट्य के गीत बँधे-बँधाए ताल-लय का अनुसरण कर गाए नहीं जाते, बल्कि अभिनय की अभिव्यक्ति के अनुरूप उन्हें गाना पड़ता है, नृत्यानाट्य के क्षेत्र में भी वैसा ही एक आदर्श है, अन्तर है तो केवल गीताभिनय के बदले नृत्याभिनय। उदाहरणस्वरूप, 'श्यामा' नृत्यानाट्य का अंतिम गीत 'क्षमिते पारिलाम ना जे' बिन ताल और विलम्बित लय में गाया जाए तभी ब्रजसेन की मर्मवेदना और पश्चात्ताप की अभिव्यक्ति ठीक तरह से व्यक्त होगी पर वरना नहीं।

रवीन्द्रनाथ ने जब इन नृत्यनाट्यों की रचना की थी तब प्रतिमा देवी, उनके पास बैठी रहतीं। उन्हीं से पता चलता है कि किस प्रकार विशेष-विशेष प्रकार के नृत्य छन्दों को देख-परखकर ही रवीन्द्रनाथ नृत्यनाट्य के गीत रचते थे। दूसरे शब्दों में गीत की भाषा-शैली, छंद, सुर—सब कुछ नृत्य-केन्द्रित और नृत्योपयोगी हुआ करते थे। क्योंकि नृत्य के आदर्श और प्रेरणा से ही नृत्यनाट्य हुआ करते थे। क्योंकि नृत्य के आदर्श और प्रेरणा से ही नृत्यनाट्य के गीत रचे गए थे। अतः सिर्फ कानों से सुनकर नृत्यनाट्य के गीतों का आस्वादन सम्पूर्ण रूप से सम्भव नहीं है, क्योंकि यह देखने का भी विषय है। कुछ उदाहरण दिए जा सकते हैं—

1. 'ना ना ना-बन्धु' नृत्य के विशिष्ट आंगिक तिहाई पर आधारित है।
2. 'गुरु-गुरु-गुरु-गुरु घन मेघो गरजे', शिकारी नृत्य की भंगिमा को दृष्टि में रखकर रचित की गई है।
3. 'दई चाई, दई चाई' गीत, लोकनृत्य शैली पर आधारित है।

रवीन्द्रनाथ के गीतिनाट्य—कालमृगया, मायार खेला, प्रायश्चित्त, विसर्जन, शारदोत्सव, राजा, आदि।

ऋतुनाट्य—रवीन्द्रनाथ के गीतनाट्य और नृत्यनाट्य के अतिरिक्त कुछ ऋतुनाट्य भी हैं—फाल्गुनी, वसन्त, शेषवर्षन, नटराज, ऋतुरंगशाला, नवीन एवं श्रावणगाथा।

इस तीसरे प्रकार के नाटकों में प्रकृति ही प्रमुख अभिनेता है। मानव तो केवल पृष्ठभूमि के रूप में है। यहाँ किसी प्रकार के तत्त्वों की बात कवि ने नहीं की। यहाँ तो षड्ऋतु स्वयं नाटक का सबसे महत्त्वपूर्ण पात्र है। प्रकृति के प्रतिनिधि के रूप में—विभिन्न ऋतु, वनभूमि, नदी, दक्षिण दिशा से बहने वाली सुगन्धित हवा यानी मलय पवन, आम्रकुंज, वकुल, माधवी, मालती आदि पुष्प महत्त्वपूर्ण चरित्र हैं। नृत्यानाट्य के साथ ऋतुनाट्य का एक अन्तर है—इसमें संगीत प्रमुख भूमिका निभाता है। नृत्य को यदि यहाँ स्थान न भी मिले तो रस की हानि नहीं होगी। परन्तु मृत्युनाट्य में नृत्य ही प्रमुख है, नृत्य के बिना रससृष्टि असम्भव है। ऋतुनाट्य मूलतः नटराज की लीला को ही अभिव्यक्त करता है।

6

रवीन्द्र-संगीत पर बंगाल के लोकगीतों का प्रभाव

कविगुरु रवीन्द्रनाथ का बंगाल के लोकगीतों से परिचय उनके ग्रामीण बंगाल में रहते समय हुआ। वे ग्रामीण जगहें—पावना, कुष्ठिया, राजशाही आदि अंचलों में से थीं, जो वर्तमान समय में बांग्लादेश में हैं। लोकगीत सुनना और उन्हें संग्रह करने का प्रयास तभी से उन्होंने आरम्भ किया था। उन जगहों में ठाकुर परिवार की जमींदारी होने के कारण प्राय: रवीन्द्रनाथ को जमीन-जायदाद की देखभाल के लिए वहाँ जाना पड़ता था। तब अनेक बाउल, फकीर, लोकगीत गायकों के संस्पर्श में उन्हें आने का मौका मिला था। उनके गीतों, मधुर सुर, तत्त्व और आडम्बरहहीन परन्तु पारम्परिक गायनशैली आदि ने रवीन्द्रनाथ को अत्यधिक मुग्ध एवं आकृष्ट किया था।

जीवन के विभिन्न पड़ावों में अपनी रचनाओं में बाउल गीत के सुरों को लगाकर एक नयी धारा के संगीत का उन्होंने प्रचलन किया। कई गीतों में राग-रागिनियों के साथ लोकसंगीत का सकल समन्वय किया। बीरभूम के बाउल गान तो उन्हें सर्वाधिक मुग्ध किया था। केवल बाउल गान ही नहीं, बीरभूम के उस समय के सन्तकवियों के संगीत ने भी उन पर काफी प्रभाव डाला था।

उन्नीसवीं सदी के मध्यकाल में, बंगाल के बाउल और फकीरी को साधना और एक महत्त्वपूर्ण पर्व के रूप में देखा जाता है। इस काल के विख्यात सन्त-गायक लालन फकीर, द्विज कानाई, गगन हरकरा, हासन राजा, कंगाल हरिनाथ आदि उल्लेखनीय नाम हैं। इनके द्वारा रचित गीतों में आंचलिकता के आधार पर चार स्वतंत्र शैलियों या पैटर्न का उद्भव हुआ था। इनमें से सभी बाउल साधना के साथ जुड़े थे, ऐसी बात नहीं थी, कुछ तो शौकिया गीत भी लिखा करते थे और उन्हें लोकप्रियता भी मिली थी।

मूलतः कुष्ठिया के कंगाल हरिनाथ, जो 'फिकिर चाँद' नाम से अधिक परिचित थे, उन्हें केन्द्र में रखकर बाउलों के एक शौकिया दल की सृष्टि हुई थी। इनमें जलधर सेन, प्रफुल्ल गंगोपाध्याय, गोलक बंद्योपाध्याय, कृष्णप्रसन्न सेन और मीर मुशरफ़ हुसैन आदि श्रेष्ठ थे। इनके द्वारा लिखित गीतों का फिकिरचांदी गीतों के नाम से उल्लेख किया जाता है।

एक उदाहरण—रु होरी दिन तो गेलो संध्या हलो पार करो अमारे। रवीन्द्रनाथ ने इसे अनुसरण कर लिखा—

दिनेश शेषे, घुमेर देशे...
ओरे आय अमारे निए जाबी के रे...

शान्तिदेव घोष के 'रवीन्द्र-संगीत' ग्रन्थ में एवं इन्दिरा देवी चौधुरानी के 'रवीन्द्र-संगीत का त्रिवेणी संगम' पुस्तक में इस तरह के अजस्त्र गीतों का उल्लेख है।

कुछ गीतों में कीर्तन के सुर का प्रत्यक्ष प्रभाव है। उदाहरण देखिए—

1. मेघेर कोले रोद हेसेछे, बादल गेछे टूटी...।

इस प्रसंग में, श्रद्धेय शान्तिदेव घोष ने कहा है, 'देसी सुरों की सहायता से जो गीत उन्होंने लिखा, मैंने देखा उनमें से अधिकतर कलकत्ता अंचल में प्रचलित कीर्तन एवं रामप्रसादी सुर में रचित हैं।'

परन्तु कीर्तन में जैसे राधा-कृष्ण अथवा ईश्वर चिन्तन है, उसका रवीन्द्र ने परिहार किया और उसके स्थान पर मानवीय बोध भाव को महत्त्व दिया। इन गीतों को 'माँगा गान' कहा जाता है।

उदाहरण—

1. मूल गीत : मन माझी सँभल-सँभल
रवीन्द्र : एवार तोर मरा गांगे वाण
एसेछे जय गा बोले भाषा तोरी।
2. मूल गीत : हरि नाम दिए जगत माताले
रवीन्द्र : जोहि तोर डाक सुने कउ न आसे तबे ऐकला चलो रे।
3. मूल गीत : आमर गैर केनो केन्द्रे एलो
रवीन्द्र : ओ आमार देशेर माटी, तोमार परे
तोमाते विश्व गाये आसन पाता

विश्वभारती विश्वविद्यालय के रवीन्द्र अध्यापक ने सन् 1925 के दिसम्बर में 'भारतीय दर्शन' पर आयोजित महा सम्मेलन में 'द फिलॉसोफी ऑफ अवर पीपुल' के शीर्षक से अपने भाषण में बाउल गीतों के दर्शन के बारे में शिक्षित समाज की दृष्टि आकर्षित करनी चाही। हमारा जो भारतीय दर्शन है, वह उपनिषद, षड्दर्शन, अथवा बौद्ध, जैन, वैष्णव आदि शास्त्राश्रित तत्त्वों के आधार पर ही निर्मित हुआ है। परन्तु किसी ने नहीं बताया कि शास्त्र-दर्शन के बाहर भी तथाकथित अशिक्षित लोक समाज में उनके अपने एक तत्त्व-चिन्तन की धारा प्रचलित है। सन् 1931 में ऑक्सफोर्ड यूनिवर्सिटी में, रवीन्द्रनाथ ने 'द रिलीजन ऑफ मैन' शीर्षक अपने वक्तव्य के सप्तम अध्याय में कहा है—"What strech me in their simple song was a religious expression that was neither grassly concrete, full of crude details nor metaphysical in its varified trascadeatatism. At the same time, it was alive with emotional sincerety. It spoke of an intense yearning of the heart for the devine which is in man and in temple or scriptures in imges and sympols."

उसी 'मन के मानुष' की बात करते हुए उन्होंने हसन राजा के दो गीतों का उल्लेख किया, "It is the village poet of east Bengal who preaches in a song the philosophical doctrine that universe has its reality in its relation ot the person."

कहते हैं "Great men think alike"। तो सत्य हसन राजा एवं रवीन्द्रनाथ के गीतों से पता ही चलता है। उदाहरण के तौर पर—

हसन राजा : आपन चिनले खोदा चेना जाए
हासन राजाय आपन चिनिए
एई गान गाय।
रवीन्द्रनाथ : आपनाके एई जाना आमार फुराबे ना
एई जानारई संगे-संगे तोमाय चेना।

सन् 1931 में ऑक्सफोर्ड विश्वविद्यालय में 'रिलीजन ऑफ मैन' वक्तव्य में उन्होंने हसन राजा के दो गीतों का उल्लेख किया था, जिनमें से एक गीत है—

हासन : मम आँखि होईते पैाहा आसमान जमीन
शरीर कटिलो पैदा शक्त आर नरम

आर पैदा कोरियाछे ठांडा आर गरम
नाम पैदा कोरियाछे खुषवाय बदरा

रवीन्द्र : अमाराई चेतनार रंगे...

हिन्दी अनुवाद—मेरी ही चेतना के रंग में पन्ना हुआ हरा, रूबी हुआ लाल
मैंने आँखें उठाकर आसमान को देखा तो रौशन हो गया
पूरब-पश्चिम गुलाब की ओर देखकर हँसते हुए कहा,
सुन्दर! तो वह हुआ॥

बंगाल के एक और सन्त कवि जलालुद्दीन के गीत में है—

जलाल : मेरे बिना क्या हो तुम दयाल सांई?
अगर मैं ही न रहूँ तो तुम्हारी भी जगह रस-संसार में नहीं है।

रवीन्द्र गीतों की अवधारणा में भी उसी की प्रतिध्वनि सुनाई देती है—

मेरे बिना इस त्रिभुवनेश्वर में
प्रेम तुम्हारा होता झूठा
इसलिए तो तुम्हारी खुशी मेरे बाद ही है,
इसलिए तुम आए हो नीचे।

बाउल और फकीरी के अतिरिक्त, रवीन्द्रनाथ वीरभूम के लोकगीतों से भी अत्यधिक प्रभावित थे। 'फाल्गुनी' नाटक में तो रवीन्द्रनाथ ने स्वयं अन्धे बाउल की भूमिका निभाई थी।

बंगाल के आचार्य गुरुसदय दत्त ने वीरभूम की लुप्त हो रही संस्कृति 'रायबेश' नृत्य का फिर से पुनराविष्कार किया था। रवीन्द्रनाथ को इस बात का पता चला तो उन्होंने इस नृत्य को देखना चाहा, और देखने के बाद इस नृत्यपद्धति से वे इतने प्रभावित हुए कि अपने 'नवीन' नाटक में इस नृत्य को रखा था। इसमें पुरुषवर्ग मिलकर नृत्य करते हैं।

बीरभूम जिले का एक और प्रचलित लोकगीत है 'झूमुर'। झूमुर मूलत: प्रेमसंगीत है। इसमें राधा और कृष्ण की प्रेमलीला मुख्य विषय है। रवीन्द्रनाथ के 'प्रेम' पर्याय के कई गीतों में 'झूमुर' का प्रभाव परिलक्षित होता है।

माटियाली—माझी लोगों में यह बहुत लोकप्रिय है।

7

रवीन्द्रनाथ का काव्य-जगत

"आमि ढालिबो करुणा-धारा
आमि भांगिबो पाषाण-कारा,
आमि जगत् प्लाबिया बेड़ाबो गाहिया
आकुल पागोल पारा"

करुणा-धारा से प्लावित वह विशाल साहित्य जिसके सृजनकर्ता थे रवीन्द्रनाथ, रवीन्द्र-साहित्य के नाम से विख्यात है और आज भी मनुष्य की हर विषम परिस्थिति में उसे सटीक पंथ की दिशा देता है, निरन्तर कठिनाइयों से जूझते रहने की प्रेरणा देता है, मनुष्यत्व के लक्ष्य की ओर अग्रसर होने की इच्छा को बलवती बनाता है। रवीन्द्र-साहित्य सागर में एक बार जो अवगाहन करता है, वह बहता ही जाता है, डूबता ही जाता है, पर किनारा नहीं मिलता—ऐसा विराट-विशाल जलधि है वो।

पुराणों में एक कथा है कि एक बार एक दानव को मोहित करने के लिए देवताओं ने निश्चय किया कि वे एक ऐसी सुन्दर स्त्री का निर्माण करेंगे जो अनुपम होगी। इस निश्चय के अनुसार प्रत्येक देवता ने अपने सुन्दर रूप का एक-एक अंश दिया और उन सब अंगों के एकत्रीकरण से जो अपरूप स्त्री बनी—उसे नाम दिया तिलोत्तमा। रवीन्द्रनाथ को यदि लेखकों में तिलोत्तमा कहा जाए तो शायद अत्युक्ति नहीं होगी। जिस विधाता ने विश्व-रचना करके अपने हाथों को निपुण बना लिया है, उसी की लेखकीय रचना की ये पराकाष्ठा हैं। रवीन्द्र की प्रतिभा ने लेखनी द्वारा जिस अप्रतिम प्रासाद का निर्माण किया है, उसका कौन-सा अंश सुन्दर नहीं है? इस सन्दर्भ में रवीन्द्र-

काव्य के विशेषज्ञ श्री प्रथमनाथ विशी का कथन है—"रवीन्द्रनाथेर काव्य ओो अन्यान्य रचना परस्पर विरोधी भय—परस्पटेर परिपूरक। एकई समय लिखित काब्ये, प्रबन्धे, चिठिपत्रे, मोनेर लीलार ऐक्य थाकाई सम्भव, विभिन्न रचनाएँ ताहार प्रकाश विचित्र होईते पारे—किन्तु मूले एकई मोनेर प्रकाश (रवीन्द्र-काव्य प्रवाह, भूमिका)।" अर्थात्, 'रवीन्द्रनाथ का काव्य तथा अन्य रचनाएँ परस्पर विरोधी नहीं हैं अपितु वे एक-दूसरे की परिपूरक हैं। एक ही समय ही लिखित काव्य, प्रबन्ध, चिट्ठी-पत्री में मन के भावों में ऐक्य होना सम्भव है। विभिन्न रचनाओं में उन का प्रकाश अलग-अलग हो सकता है, किन्तु मूल में वे एक ही मन के भावों का प्रकाश हैं।'

प्रस्तुत निबन्ध क्योंकि काव्य से सम्बन्धित है अत: रवीन्द्र-काव्य में अवगाहन करना ही हमारा ध्येय होगा। बांग्ला काव्य-साहित्य में रवीन्द्रनाथ एक व्यक्ति नहीं अपितु एक युग हैं। उनके काव्य एवं कर्म, दोनों में उनकी प्रतिभा का अपूर्व योगदान है। उनका काव्य एवं जीवन समानांतर, रथ के दो पहियों के समान, साहित्य के राजपथ पर अग्रसर होता है। कभी उनका काव्य उनके जीवन की व्याख्या करने में सहायक होता है तो कभी उनके जीवन द्वारा उनका काव्य मूर्त हो उठता है। रवीन्द्र मर्मज्ञ विशी जी ने उनकी काव्य-प्रवृत्तियों के बारे में लिखते हुए टिप्पणी की है कि "रवीन्द्रनाथ के काव्य की तीन प्रमुख प्रवृत्तियाँ है—अन्तर्मुखी, बहिर्मुखी एवं ऊर्ध्वमुखी तथा तीन दिशाएँ हैं—प्रकृति, प्रेम एवं आध्यात्मिकता। वास्तव में जब कोई आलोचक रवीन्द्र-काव्य का विश्लेषण करने बैठता है तो रवीन्द्र-काव्य की इतनी दिशाएँ, इतनी प्रवृत्तियाँ उन्मोचित होती हैं कि उन सबको समेटना दुष्कर हो जाता है। यह सर्वथा सागर किनारे सीपियाँ चुनने के समान होता है। रवीन्द्रनाथ कालजयी प्रतिभा लेकर उत्पन्न हुए थे, अतएव, उनका व्यक्तित्व विकास के सोपान पर इतना ऊँचा पहुँच गया है कि सर्वसाधारण उनकी महानता की केवल कल्पना मात्र कर सकता है, मूल्यांकन नहीं।"

श्री विशी ने रवीन्द्रनाथ के काव्य विकास को चार सोपानों में विभाजित किया है—1. संध्या-संगीत पर्व ('संध्या संगीत' से 'मानसी' काल तक), 2. सोनार तोरी पर्व ('सोनारतरी' से 'शिशु' तक), 3. खेया पर्व ('खेया' से 'गीतांजलि' तक) एवं 4. बलाका पर्व ('बलाका' से 'महुआ' तक)। इसी प्रकार कई अन्य रवीन्द्र-काव्य मर्मज्ञों ने भी रवीन्द्र-काव्य को युगों में विभाजित

किया है। जिनमें डॉ. सुकुमार सेन का युग विभाजन महत्त्वपूर्ण है। उन्होंने भी रवीन्द्र-काव्य को चार युगों में विभाजित किया है—

1. स्वगत ('शैशव संगीत' रचना से 'कोड़ि ओ कोमल' तक), 2. प्रगत ('मानसी' से 'गीतांजलि' तक), 3. अधिगत ('बलाका' से 'रोग शय्या') 4. सुगत (शेष/पश्चवर्ती काव्य)। (बांग्ला साहित्येर इतिहास; तृतीय खंड : सुकुमार सेन)।

रवीन्द्रनाथ के काव्य-विकास का इतिहास आधुनिक बांग्ला काव्य के विकास का इतिहास है। उनके काव्य में विषयों की इतनी विविधता पाई जाती है कि उनकी काव्य-प्रवृत्तियों को रेखांकित करने का अर्थ है उसे सीमाओं में बाँधने का व्यर्थ प्रयास करना। उनके काव्य की एकनिष्ठ पाठिका होने के नाते इतना कह सकती हूँ कि उनके समस्त गीत एवं कविताओं के प्रमुख आलम्बन ईश्वर, मानव और प्रकृति हैं। इन्हें आलम्बन बनाकर लिखी गई कविताओं को यदि तीन धाराएँ मान लिया जाए तो रवीन्द्र-काव्य का परिचय देना कम कठिन होगा। यद्यपि उनके काव्य-आलम्बनों में शिशु एवं विश्व भी अन्तर्निहित है तथापि उनके काव्य जीवन के आदि काल से अन्तिम काल तक उन्होंने पूर्व उल्लिखित तीन आलम्बनों को ही अपने काव्य का आधार बनाए रखा।

बालक रवि (जैसा कि उन्हें बचपन में कहा जाता था, बंगाल में तो वे रवि ठाकुर नाम से ही स्मरण किए जाते हैं) अपने ग्यारवें जन्मदिन से ही काव्य-सृजन में जुट गए थे। उन्नीस वर्ष के युवा होने तक कई काव्य, गीतिकाव्य, उपन्यास, काव्य नाटक एवं गीतिनाट्यों की रचना कर चुके थे। साहित्यिक दृष्टि से 'भानुसिंहेर पदावली' (भानुसिंह ठाकुर नाम से उन्होंने इस पदावली की रचना की थी) एवं 'वाल्मीकि प्रतिभा' इस दौर की दो उल्लेखनीय काव्य-कृतियाँ हैं जो काव्य-विकास की दृष्टि से महत्त्वपूर्ण कही जा सकती हैं।

रवीन्द्रनाथ के पिता महर्षि देवेन्द्रनाथ आदि ब्रह्म समाज के संस्थापक थे। रवीन्द्रनाथ का परिवार उन्हीं सौभाग्यवान परिवारों में से एक था जिन पर सरस्वती एवं लक्ष्मी का आशीर्वाद समान रूप से था। उनके पितामह प्रिंस द्वारकानाथ ठाकुर का ऐश्वर्य, सम्मान एवं असाधारण व्यक्तित्व भारत में ही नहीं अपितु पूरे योरोप में भी विस्मय के साथ देखा जाता था। उन्होंने स्वयं

अपने उद्योग से यह धन अर्जित किया था। उनके पुत्र देवेन्द्रनाथ यानी रवीन्द्रनाथ के पिता अपने पिता के समान नामी उद्योगपति तो नहीं बन पाए परन्तु वेदांत एवं उपनिषदों के गम्भीर अध्येता के रूप में, तत्त्वबोधिनी सभा के संस्थापक तथा उस समय की विख्यात पत्रिका 'तत्त्वबोधिनी' के प्रकाशक के रूप में उनकी ख्याति भी समाज में अपने पिता से कम नहीं थी। रवीन्द्रनाथ ही नहीं उनके आठों भाई-बहनों पर उनका प्रभाव पड़ा था। यह कहते हुए जरा भी दुविधा नहीं होती कि रवीन्द्रनाथ के अन्य आठ भाई बहन भी आठ रत्न थे। रवीन्द्रनाथ किशोरावस्था से ही महर्षि के साथ-साथ आदि ब्रह्म समाज के साप्ताहिक सत्संगों में भाग लिया करते थे। इन सत्संगों में किशोर रवि स्वयं के रचे गीत (जो ब्रह्म संगीत के नाम से संकलित हैं) सुनाया करते थे। पारिवारिक शिक्षा और धार्मिक संस्कारों के परिणामस्वरूप इस भगवदभक्ति का स्फुरण होना स्वाभाविक था। एक उदाहरण द्रष्टव्य है—'तोमारेइ करियाछि जीबनेर ध्रुवतारा...' (तुम्हीं को बनाया जीवन का ध्रुवतारा)। इन गीतों में आत्म-समर्पण व निवेदन की भावना प्रमुख है। यह ज्ञात तथ्य है कि रवीन्द्र-काव्य व गीतों में वैष्णवों के प्रेमतत्त्व, सूफी-दर्शन, सन्त कबीर व निर्गुणपंथी दादू के चिन्तन का अपूर्व समन्वय है। गीतिमाल्य, गीतांजलि, नैवेद्य, खेया, गीतालि आदि संकलनों में उनकी आध्यात्मिकता एवं ईश्वर प्रेम के दर्शन सर्वत्र मिलते हैं। कवि ने उन्हें कहीं प्रभु, कहीं प्रिय या प्रिया तो कहीं बन्धु कहकर सम्बोधित किया है। उनकी विख्यात रचना 'सोनार तोरी' (सोने की नैया) से ही रवीन्द्रनाथ के ईश्वरीय प्रेम का आभास मिलता है। यहाँ उल्लेखित प्राणों का देवता जिसे कवि ने अपनी परवर्ती रचनाओं में 'जीवन-देवता' संज्ञा से अभिहित किया है, 'मानस-सुन्दरी' में उसे 'कर्णधार' कहकर सम्बोधित किया है—

'एई जे उदार
समुद्रेर माझखाने होये कर्णधार
भासायेछो सुन्दर तरणी, दश दिशि...'

(यह जो उदार
समुद्र के बीच बन कर्णधार
बहाया है सुन्दर तरणी, दश दिशाओं में

अस्फुट कलरव ध्वनि चिर दिवा निशा
क्या कहती है कुछ समझ न पाऊँ
क्या इसका कोई किनारा भी है?) (मानस सुन्दरी)

उनकी 'अन्तर्यामी', 'चित्रा' आदि में 'जीवन-देवता' कवि के मानसिक-आवेगों के नियंत्रक हैं। इस जीवन-देवता के सम्बन्ध में आलोचक चारुचन्द्र बंद्योपाध्याय का कहना है—"समग्र जीवन में आत्म प्रकाश की जो प्रेरणा है, इस मानवयंत्र के जो चालक हैं, उनको ही कवि ने अन्तर्यामी या जीवन-देवता कहा है।" (रवि रश्मि, पृ. 425)। उनकी परवर्ती कविताओं में जीवन-देवता विश्व-देवता का स्थान ग्रहण कर लेता है। यह जीवन-देवता रवीन्द्र के काव्य में वास्तव में कौन है, इसे लेकर कई मत हैं। प्रमथनाथ विशी कहते हैं, "जीवन-देवता और जो कोई भी हो, ईश्वर नहीं हैं।" (रवीन्द्रनाथ प्रवाह, पृ. 82)।

हमारे देश में रहस्यवाद कोई नई वस्तु नहीं है। उपनिषदों से लेकर आधुनिक साहित्य तक में अनेक रूपों में रहस्यवाद की साधना हुई है। महाकवि रवीन्द्र सत्य, शिव एवं सुन्दर के उपासक थे, सत्, चित और आनन्द में से आनन्द के प्रति उनकी आपार आस्था थी। उन्हें उपनिषद, सूफी काव्य, कबीर-वाणी, वैष्णव काव्य एवं बाउल संगीत से गहरा लगाव था और इन सब का प्रत्यक्ष एवं परोक्ष प्रभाव उन पर पड़ा था। 'नैवेद्य' गीत संग्रह के एक गीत में उन्होंने लिखा है—

'कवि आपनार गाने जतो कथा कहे
नाना जने लहे तार नाना अर्थो टानि,
तोमा पाने धाय तार शेष अर्थोखानी।' (नैवेद्य, पृ. 55)

(कवि अपने गीतों में जितना कुछ कहता है
भिन्न-भिन्न लोग उसका भिन्न-भिन्न अर्थ लगाते हैं,
(परन्तु) उसका अन्तिम अर्थ केवल तुम्हारी ओर लगता है।)

'नैवेद्य' काव्य-संकलन में उनकी धर्मनिष्ठा, नीति में श्रद्धा एवं एकेश्वर में विश्वास का अद्‌भुत समन्वय मिलता है। रवीन्द्र-काव्य की इस आध्यात्मिक धारा का 'खेया' काव्य-संग्रह में उत्तरोत्तर विकास होते देखा जा सकता है। विश्वख्यात 'गीतांजलि' में उपनिषद के तत्त्व चिन्तन एवं वैष्णव कवियों की

प्रेम भावना का अपूर्व समिश्रण देखने को मिलता है। कवि यहाँ अपने अहं को अश्रुजल में विसर्जित करने की इच्छा व्यक्त करते हैं। परम शान्ति और जीवन में उज्ज्वल कांति भरने की प्रार्थना करते हैं—

'आमार माथा नतो कोरे दाओ हे तोमार
चरण धुलार तले
सकल अहंकार हे आमार
डुबाओ चोखेर जले' (गीतांजलि, पृ.1)

(मेरे मस्तक को अपनी चरण-धूलि तले
नत कर दो (झुका दो)
मेरे समस्त अहंकार को
अश्रुजल में डुबो दो...)

यथार्थ आध्यात्मिक संगीत का सूत्रपात तो रवीन्द्रकाव्य में 'गीतांजलि' से ही पाया जाता है। इस गीत-ग्रंथ में देवता और प्रकृति के साथ मानव की एकात्मता का सुन्दर समन्वय मिलता है। 'गीतांजलि' में कवि को जिसकी तलाश थी, जिससे मिलन के लिए व्याकुल थे, 'गीतिमाल्य' में वह खोज समाप्त होती है। कवि कहते हैं—

'एइ लभिनू संगो तबो, सुन्दर हे सुन्दर।
पुण्य होले अंगो मम, धन्य होलो अन्तर।
सुन्दर हे सुन्दर, एइ तोमारि परश रागे, चित्तो होलो रंजितो,
एई तोमारि मिलन सुधा, रोइलो प्रणे संचितो।'

(संचयिता, 519)

(यह तुम्हारा साथ मिला, सुन्दर हे सुंदर।
पवित्र हुआ अंग मेरा, धन्य हुआ अन्तर (हृदय)
सुन्दर हे सुन्दर, यह तुम्हारे स्पर्श अनुराग से चित्त हुआ रंजित
तुमसे मिलन अमृत समान, रहा प्राणों में संचित।)

रवीन्द्रनाथ में प्रकृति एवं मानव के प्रति अनंत अनुराग था। वास्तव में वह मनुष्य ही था जिसमें सदैव उन्होंने ईश्वर को तलाशा था। इस सन्दर्भ में प्रमथनाम विशी की ये पंक्तियाँ उल्लेख योग्य हैं—'रवीन्द्रनाथ ने अपने

काव्य में कभी ईश्वर को नहीं ढूँढ़ा था अपितु मनुष्य (या मनुष्यत्व) की खोज में ईश्वर का सन्धान प्राप्त किया था।' (रवीन्द्र-काव्य प्रवाह, पृ. 114)।

मानव मात्र के लिए कवि के हृदय से सदैव करुण धारा बही (जैसा कि प्रथम पृष्ठ में ही मैंने उल्लेख किया था)। जब कभी मानवता का अपमान हुआ या फिर मानव पर विपत्ति आई, बिना किसी द्विधा के उन्होंने अपनी कलम उठाई। विश्वबन्धुत्व की भावना से ओतप्रोत उनका हृदय इसी भावना में विश्वासी था—'इस धरती पर मानव ही सर्वश्रेष्ठ प्राणी है, ...मानव ही विश्व के केन्द्र में अधिष्ठित है—वह मानव नाम, वर्ण, गोत्रादि द्वारा कई प्रकार के विचित्र संस्कारों द्वारा आवृत्त है। सहज-साधारण मानव को खोज पाना कठिन है।' (रवीन्द्र जीवनी, पृ. 130)।

प्रमथनाथ विशी के अुनसार रवीन्द्रकाव्य का प्रधान रस मानव रहा है। सर्व देश एवं सर्व काल व्यापी मानव ने उनकी प्रतिभा का श्रेष्ठ अभिनन्दन पाया है (रवीन्द्र-काव्य प्रवाह, पृ. 18)। 'सोनार तोरी' की 'वैष्णव' कविता में मानव समाज के प्रति उनका प्रेम उद्वेलित हो उठा है। एक अन्य कविता 'समुद्रेर प्रति' में विश्वकवि ने समुद्र को सम्बोधित कर जो उद्गार प्रकट किया है उससे शोषित-वंचित मानव के प्रति उनके हृदय की गहरी वेदना अनायास व्यक्त हो जाती है। वे कहते हैं—

'हे जलधि, बुझिबे कि तुमि आमार गानव भाषा,
जानो कि तोमार धराभूमि
पीड़ाय पीड़ितो आज फिरितेछे एपाश-ओपाश
चक्षे बहे अश्रुधारा, घन-घन बहे उष्ण श्वास... (संचयिता, पृ. 152)

(हे जलधि, समझते हो क्या हमारी यह मानव भाषा,
जानते हो क्या, तुम्हारी धराभूमि (देश)
पीड़ा से पीड़ित आज भटक रही है इधर-उधर
आँखों से बहती अश्रुधारा, लेती दीर्घ उष्ण श्वास बार-बार...)

उनके बारे में बहुधा यह कहा जाता है कि जमींदारी का कार्य सँभालने से पूर्व निम्न वर्ग कहे जाने वाले समाज के सम्पर्क में वे नहीं आए थे, परन्तु सर्वहारा वर्ग उनकी दृष्टि के बाहर नहीं था। 'एबार फिराओ मोरे'

(अब लौटा दो मुझे) कविता में उनकी कवि-दृष्टि उन असहाय शोषित, पीड़ित, दोनों पर पड़ी है जो समाज की दृष्टि में उपेक्षित हैं। उनके लिए उन्होंने लिखा है—

> 'एई सब म्लान मूक मुखे दिते हबे भाषा...'
> (इन सभी मलिन मूक मनुष्यों के मुख में वाणी देनी होगी)

कवीन्द्र उन म्लान, मूक शोषितों के मुख में भाषा देना चाहते हैं, आशा का संचार करना चाहते हैं और इस प्रकार जागरण लाना चाहते हैं। यह कवि के अपार करुणा का ही परिणाम है।

महाकवि को मानवता में असीम विश्वास है। एक गीत में इसका सर्वोत्कृष्ट उदाहरण प्राप्त होता है—

> 'भजन-पूजन साधन आराधना समस्तो थाक पोड़े
> रुछ द्वारे देवालयेर कोणे केनो आछिस ओरे।
> अन्धकारे लुकिए आप मोने काहारे तुई पूजिस संगोपने,
> नयन मेले देख देखि तुई चेये देवता नाइ घरे
> तिनि गेछेन जेथाय माटी भेंगे, कोरछे चाषा चाष
> पाथर भेंगे काटछे जेथाय पथ, खाटछे बारो मास।'

(गीतांजलि, 137)

> (भजन-पूजन-साधना-आराधना सब पड़ा रहने दे,
> बन्द द्वार देवालय के कोने में क्यों पड़ा है तू
> अन्धकार में छिपकर मन ही मन किसे पूजता है
> आँखें खोलकर देख जरा—देवता नहीं इस मन्दिर में
> वे तो वहाँ गए हैं, जहाँ मिट्टी के ढेले फोड़कर किसान करता है खेती
> और मजदूर पत्थर तोड़ बना रहा है मार्ग, खटता रहता है बारह मास।
> ईश्वर वहीं मिलेंगे...)

इसी प्रकार 'चित्रा' की 'दुई बिघा जमीं' (दो बीघा जमीन) और— 'काहिनी' की 'पुरातन भृत्य' (पुराना सेवक) में बंगाल के दीन-हीन वर्ग की

कथा को कवि ने वाणी दी है। ऐसे अजस्र उदाहरण भरे पड़े हैं। मानव शक्ति में विश्वासी कवि मन 'नैवेद्य' में गा उठता है—

'चित्तो जेथा भय शून्य, उच्च जेथा शिर, ज्ञान जेथा मुक्त जेथा गृहेर प्राचीर' (जहाँ हृदय भय शून्य है, मस्तक ऊँचा है, ज्ञान मुक्त है, जहाँ घर की दीवारें दिनरात अपने आंगन में वसुधा को खंड-खंड में विभक्त किए हुए नहीं है) (नैवेद्य, पृ.83)

विश्वकवि रवीन्द्र, युगद्रष्टा कवि थे। मानव-प्रेम के साथ देश प्रेम भी अपार था उनमें। 'जन-गण-मन' से लेकर प्रसिद्ध 'भुवन मोहिनी' गीत जिनसे समस्त हिन्दी संसार परिचित है, उनके देश-प्रेम के द्योतक हैं—

अयि भुवन मन मोहिनी
अयि निर्मल सूर्य करोज्ज्वल धरणी
जनक जननि जननी।

'कौड़ी ओ कोमल' की 'बंगवासीर प्रति' और आह्वान गीत में देशभक्ति की गम्भीर वेदना और अनुराग का स्वर अंकित हुआ है। 'मानसी' में देश सम्बन्धी अनेक सुन्दर गीत हैं। 'चैताली' में बंग देश के लिए लिखी गई कविताएँ हैं। 'तुरंत आशा', देशेर उन्नति', 'बंगवीर गुरु गोविन्द' आदि कविताओं में स्वदेश एवं स्वजाति के अभ्युदय की आकांक्षा उन्मोचित हुई है।

कवि रवीन्द्र को इस देश के पर्वत, नदी, झरने, प्रकृति के अन्य उपादान, पशु-पक्षी-मानव सभी अत्यंत प्रिय थे। प्रकृति प्रेम में जहाँ उन्होंने भारत के प्राकृतिक उपादानों का आश्रय लिया, ईश्वर-प्रेम में भारत की धर्मप्रधान भावना को आधार बनाया, अपनी शृंगारप्रियता में जहाँ महाकवि कालिदास को हर पल स्मरण किया, वहीं मानवतावाद में विश्वास कर भारत का सर्वकालीन अमर सन्देश 'सर्वे भवन्तु सुखिनः' का समस्त संसार में प्रचार किया। बंगाल के विख्यात चिन्तक हुमायूं कबीर ने कवि के देश-प्रेम के सम्बन्ध में कहा है—"रवीन्द्रनाथ की देशभक्तिपूर्ण कविताएँ भी समग्र मानव जाति की भावना से अनुप्रेरित हैं। उनके लिए देशप्रेम एक सहज गुण था जिसमें अपने देश और देशवासियों के लिए अपार प्रेम तो था ही परन्तु दूसरे देशवासियों के प्रति भी घृणा या हिंसा के भाव नहीं थे और इस प्रकार उनका देशप्रेम कभी भी नकारात्मक नहीं था।" (एकात्तर शती, पृ. 12)। बंग-भंग

काल में रचे गीतों में देश, विशेषकर बंगाल के प्रति, तीव्र आवेग पाया जाता है। इन गीतों में देश के मातृरूप की कल्पना ही कवि ने नहीं की, वरन् देशवासियों के आन्तरिक भावों के ज्वार को बाहर लाने का तथा उनके भीतर की शक्ति व चेतना को जागृत करने का प्रयास भी किया।

कवि के निकट स्वदेश महामानवों के सागर का किनारा है, भारत एक महान तीर्थ है—'मिलिबें-मेलाबे, दिबे आर निबे, जाबे नाको फिरे...एई भारतेर महामानवेर सागरतीरे।' (उत्सर्ग, पृ. 36)

अर्थात्, कवि कहते हैं, "यह भारत ऐसा महान तीर्थ है, जहाँ विश्व-भर से जातियाँ आकर बसी हैं, यहाँ आकर वे महानतम समुद्र में मिल गए हैं। भारत ने सदैव उन्हें बहुत कुछ दिया है और उनसे लिया भी है। वे फिर कभी लौटकर वापस नहीं गए हैं, वरन् भारत की संस्कृति को अपनाकर यहीं के होकर रह गए हैं।" यही कवि फिर कहीं पुकार उठते हैं—"जोदी तोर डाक शुने केउ ना आसे तबे एकला चलो रे...।"

स्वदेश-प्रेम की तरह कवि के काव्य में प्रकृति-प्रेम की छटा भी देखते ही बनती है। विभिन्न ऋतुओं में पृथ्वी जो नव-नव रूपों में प्रकाशित होती है उसने कवि मानव को नव-नव भावों से उद्वेलित किया। अपनी 'जीवन स्मृति' में उन्होंने लिखा है—'शिशुकाल से ही विश्व-प्रकृति के संग मेरा अत्यंत सहज एवं निविड़ सम्बन्ध था। घर के पिछवाड़े में लगे नारियल पेड़ों में से हर एक पेड़ मुझे जीवंत सत्य के रूप में दिखाई देता। एक दिन नॉर्मल स्कूल से शाम चार बजे घर लौटकर गाड़ी से उतरते ही छत पर जाकर देखा कि घने नीले रंग के बादल इकट्ठे हो रहे हैं, तो मन उसी क्षण गहन आनन्द में डूब गया—उन क्षणों को मैं आज भी भूल नहीं पाया हूँ।'

रवीन्द्र-काव्य में प्रकृति के अज्ञात रहस्यों के प्रति जहाँ गम्भीर अर्थों का सन्धान किया जा सकता है, दूसरी ओर इन समस्त रहस्यों से युक्त अज्ञात प्रकृति में एक विराट पुरुष के लीला-वैचित्र्य के साथ विश्वसृष्टि की एकात्मता को भी अनुभव किया जा सकता है। इनकी प्रारंभिक रचनाएँ 'वनफूल', 'कहानी', आदि प्रकृति वर्णन की दृष्टि से महत्त्वपूर्ण हैं। विश्व प्रकृति के साथ मानव प्रकृति के जिस गम्भीर सम्बन्ध का रवीन्द्रनाथ के परवर्ती काव्य में स्थान है, उसकी झलक इन काव्य संकलनों में स्पष्ट दिखाई देती है। 'संध्या-संगीत' से एक उदाहरण द्रष्टव्य है—

'एमोन ज्योत्सा सुमधुर, वांशि बाजिछे दूर-दूर
या मिनीर हासितो नयने, लेगेछे मृदुल घूम घोर
नदी ते उठेछे मृदु ढेउ, गाछिते नड़िछे मृदु पाता
लताय फूटिया फूल दुटि, पाताय लुकाए तार माथा।'

(सुखेर विलाप)

(ऐसी ज्योत्सना सुमधुर, बंसी बने दूर-दूर
यामिनी के मुस्काते नयनों में, मृदुल निद्रा का आवेश है
नदी से तरंगें उठ रही हैं, वृक्षों पर पत्ते हिल रहे हैं
लता में दो फूल खिलकर, पत्तों में अपने सिर छिपाए हैं।)

(सुख का विलाप)

'संध्या-संगीत' में जो विषाद का स्वर है, वह 'प्रभात संगीत' में आकर समाप्त होता है। उस आनन्दमय विश्व-प्रकृति के उपादानों के साथ कवि एकाकर हो जाते हैं और तब सर्वत्र उन्हें उस परमानन्द का आभास मिलता है—'चारि दिके मोर बसन्तो हासित, चारि दिके मोर माधवी मालती सौरभे आकुर करे' (जाग्रत स्वप्न)। अर्थात्, 'मेरे चारों ओर बसन्त हँस रहा है, कुसुम के समान मेरा यौवन विकसित हो रहा है। मेरे चारों ओर माधवी-मालती अपनी सुगन्ध से मुझे व्याकुल कर रही हैं।' प्रकृति के हर रूप का चित्र कवि के काव्य में मिलता है। कहीं उन चित्रों में रोमांटिक विषाद का सुर ध्वनित होता है तो कहीं आनन्दमय संगीत। प्रकृति को चित्र रूप में अंकित करने को 'छवि ओ गान' तथा 'कोड़ि ओ कोमल' काल की कवि प्रतिभा का विकास 'मानसी' की प्रकृतिपरक कविताओं में स्पष्ट देखा जा सकता है—

'कृष्ण पक्ष प्रतिपद। प्रथम संध्याय म्लान चाँद
देखा दिलो गगनेर कोणे
क्षुद्र नौका धीरे-धीरे चलियाछे पाल भरे, काल स्रोत यथा भेसे जाय
अलस भावनाखानि, आधो जागा मोने।
एक पार भांगा तीरे फेलियाछे छाया, अन्य पारे ढालू तट शुभ्र बालुकाय
मिशे जाए चन्द्रलो, भेद नाही पड़े चोखे, बैशाखेर गंगा कृशकाय
तीर तले धीर राति अलस मायाय।' (मरण, 'स्वप्न')

(कृष्ण पक्ष प्रतिपदा का दिन है। प्रथम संध्या का मलिन चन्द्रमा
आकाश के कोने में दिखाई पड़ा। पालयुक्त छोटी नाव धीरे
बह रही हैं मानो काल स्रोत में बही जा रही हैं,
अधजगे मन में जाने कितनी ही अलस भावनाएँ आ रही हैं।
नदी के टूटे तट पर चाँद की छाया पड़ी है, दूसरे तट पर शुभ्र
बालू राशि के साथ चाँद की किरणें इस प्रकार मिल गई हैं,
कि उनमें कोई अन्तर दिखाई नहीं पड़ता। बैशाख की
कृशकाय गंगा, अलसता के साथ धीरे-धीरे बह रही है।)

कवीन्द्र रवीन्द्र को पृथ्वी, समुद्र, नदी, पर्वत, झरना, मरुस्थल सभी के प्रति परम अनुराग था जिसकी छवि उनकी विविध कृतियों में पाई जाती है। इन पर तो एक पूरी पुस्तक लिखी जा सकती है। महाकवि की विख्यात कविता 'जेते नाही दिबो' (जाने नहीं दूँगा) जहाँ कवि की पृथ्वी के प्रति गम्भीर आसक्ति की द्योतक है वहीं कवि के प्रकृति वर्णन की सफलता की परिचायक भी है। हुमायूँ कबीर के शब्दों में—'धरती से इस प्रकार प्राणों से अधिक प्यार करनेवाला कवि शायद ही कोई दूसरा हुआ है।' कवि का प्रकृति के प्रति अपूर्व अनुराग था। जीवन के प्रारम्भ से अन्त तक उन्होंने शत-शत गीत एवं कविताएँ प्रकृति के प्रेम में लिखीं। वे सौंदर्य के कवि थे—प्रकृति के अनन्त, अपार सौन्दर्य के प्रेमी।

प्रकृति के समान नारी के प्रति भी एक अनन्त आकर्षण कवि मन में था, जो किसी भी कवि के लिए स्वाभाविक है। कवि आनन्द की सृष्टि करना चाहता है। पुरातन और असुन्दर का नहीं वरन् नूतन और सुन्दर का दर्शन करना चाहता है। मेघों से आच्छन्न आकाश में सूर्य रश्मियाँ कवि को अनुप्राणित करती हैं। यौवन के विचित्र स्वप्न, प्रेम, नारी सौन्दर्य के रहस्य ने युवा कवि के हृदय को हर तरह से स्पर्श किया था। सौन्दर्य के उपासक रवीन्द्रनाथ ने विभिन्न भावों, विभिन्न रूपों में नारी को चित्रित किया। 'कड़ि ओ कोमल' (कौड़ी और कोमल) में तो कवि का उद्दाम यौवन बोलता है—

'दाओ खुल हाओ सखी ओई बाहु पाश,
चुम्बन मदिरा आर, करायो ना पान।'

(बन्दी-कड़ि ओ कोमल)

(दो, अपनी बाँहों का पाश खोल दो सखी,
चुम्बन मदिरा का पान मुझे और न करवाओ)

एक और उदाहरण—

'कहारे जड़ाते चाहे दृष्टि बाहु लता काहारे कांदिया बले जेओना।'
(बाहु-कौड़ी आ कोमल)
(किसे दोनों बाँह रूपी लताएँ आबद्ध करना चाहती हैं,
किसके लिए मन रो-रोकर कहता है—मत जाओ, मत जाओ।)
'यौवन स्वप्न' में तो कवि मानस यह कहकर हिलोरें लेता है

—'मरिते चाहिना आमि सुन्दर भुपने'
(मैं इस सुन्दर भुवन को त्याग मरना नहीं चाहता)

रवीन्द्रनाथ के काव्य-विकास में 'कड़ि ओ कोमल' के उपरांत 'मानसी' का स्थान है। 'निष्फल कामना', 'एकाल ओ सेकाल', 'मरण-स्वप्न', 'मेघेर खेला', 'निष्फल प्रयास', 'ह्रदयेर धन', आदि मानसी की प्रेमपरक कविताएँ हैं। 'सोनार तरी' की 'मानस सुन्दरी' कवि की एक श्रेष्ठ प्रेम कविता है। इसमें महाकवि ने कविता सुन्दी को सम्बोधित कर अपने ह्रदयोद्गार प्रकट किए हैं एवं अपनी शृंगार प्रियता की कल्पना एवं भावों की उड़ान से अद्वितीय रूप दिया है। कवि की 'प्रेयसी' कविता की 'कल्पना लता' उनकी आजन्म साधना का धन है। कवि उसे लेकर भावकाव्य में विचरण करता है। महाकवि की 'मानस सुन्दरी' में दैहिक, मानसिक और प्राकृतिक सौन्दर्य का अभूतपूर्व समन्वय है जो उनकी सौन्दर्य एवं शृंगारप्रियता का परिचायक है। 'सोनार तरी' की 'व्यर्थ यौवन', 'ह्रदय यमुना' आदि विशुद्ध प्रेम कविताएँ हैं। 'चित्रा' की कविताएँ भी प्रेमपरक कविताएँ हैं। इसकी एक कविता 'रात्रे ओ प्रभाते' (रात्रि और प्रभात में) में पति-पत्नी के प्रेम का दुर्लभ चित्र अन्यत्र दुष्कर है। इस कविता में स्त्री सौन्दर्य के दो रूप, रात्रि का मानवीय स्वरूप एवं प्रात: का देवी रूप कवि की सौन्दर्य-प्रियता के साथ-साथ संयम का परिचायक है। श्रृंगारिक काव्य-सृष्टि में 'उर्वशी' कवि की सर्वश्रेष्ठ कविता है। इसमें कवि ने मोहिनी नारी के अभौतिक सौन्दर्य की स्तुति की है। उर्वशी पूर्ण सौन्दर्य की प्रतिभा तथा विस्मय एवं आनन्द की परिपूर्ण सृष्टि है। रवीन्द्रनाथ ने नारी के दो रूपों को

प्रस्तुत किया है, एक जहाँ वे उसके सौन्दर्य के उपासक हैं दूसरे जहाँ वे नारी की सरलता और आस्था पर मुग्ध हैं।

रवि ठाकुर के असीम सौन्दर्य एवं अनन्त यौवन के उपभोग की सामर्थ्य के लिए शब्द, अर्थ एवं भाव के मूल्यांकन की एवं कवि के समान अनुभूति की क्षमता की आवश्यकता है तभी रवीन्द्र-काव्य का वास्तविक विवेचन सम्भव हो सकता है, जो निःसन्देह एक दुरूह कार्य है।

रवीन्द्रनाथ के काव्य में विषयों की विविधता को देखते हुए कहना ही पड़ता है कि रवीन्द्रनाथ को किन्हीं सीमाओं में बाँधना मेरे जैसे क्षुद्र गवेषक के लिए दुःसाहस करना है। उनके कवि-कर्म को आँकना, समुद्र को अंजुरी में भरने का अवास्तव स्वप्न देखने जैसा ही है। रवीन्द्रनाथ ने जीवन में जो अनुभव किया उसी के फलस्वरूप उन्हीं आधारों पर इतने सारयुक्त, संक्षिप्त एवं प्रभावशाली शब्दों में वास्तविकता का वास्तविक रूप वे हमारे समक्ष प्रस्तुत कर सके। उन्होंने विश्वप्रकृति एवं मानवप्रकृति को अपने जीवन में सम्पूर्ण रूप से आत्मसात् कर लिया था। उनका कवि यह जानता था कि जो उनके पास सत्य है वह कहीं असत्य नहीं हो सकता और इसी उपलब्धि ने उनके काव्य को सार्थक बनाया।

8

रवीन्द्रनाथ और दिनकर

रवीन्द्र-साहित्य के सागर-संगम में डूबने की इच्छा हर साहित्य-प्रेमी (रसिक) में होती है। रवीन्द्रनाथ के सर्वव्यापी प्रभाव ने हिन्दी साहित्य के क्षेत्र को भी आलोकित किया था। वे भारत-आत्मा के एक सम्पूर्ण परिचय थे, इस सत्य को हिन्दी के कवि और साहित्यकारों ने बार-बार स्वीकार किया है। किसी भौगोलिक सीमा के बन्धन में वे कभी बँधकर नहीं रहे। वे समग्र विश्व-जीवन के साथ ओत-प्रोत भाव से जुड़े थे, इन्हीं महती भावनाओं ने हिन्दी के कवियों को सदा ही अनुप्राणित किया है। विश्वकवि की सर्वव्यापक दृष्टि, विश्वपरिचय, एवं विश्वमानव के साथ एकात्म हो जाने का औदार्य, आध्यात्मिकता, प्रकृति और प्रेम की पूजा-आरती, सौन्दर्य-चेतना आदि विशेषताओं ने हिन्दी साहित्यकारों की सृजनशील सत्ता को समय-समय पर मुग्ध किया है, विशेषकर छायावादी कवियों को। छायावादी काव्य की 'वृहद्-त्रयी' पंत-महादेवी-निराला की रचनाओं में इसका अद्‌भुत साक्ष्य है। रवीद्र काव्य साहित्य के और एक अनुरागी पाठक एवं आलोचक हैं, हिन्दी साहित्य के ख्यातिलब्ध कवि डॉ. रामधारी सिंह दिनकर। वे हिन्दी-साहित्य की एक श्रद्धेय संज्ञा हैं, एक अध्याय हैं। राष्ट्र-कवि के रूप में सम्मानित हैं।

बहुमुखी प्रतिभाशाली कवि दिनकर रवीन्द्र के केवल अनुरागी ही नहीं थे, उनके साहित्य के भक्त भी थे। उनके जीवन और काव्य में रवीन्द्र के प्रभाव का परिचय दीखता है। विभिन्न समय में और विभिन्न आलोचनाओं में उन्होंने इस सत्य को स्वीकारा है। एकनिष्ठ पाठक और सत्यान्वेषी विचारक की मानसिकता से दिनकर ने रवीन्द्र-काव्य की मर्म वाणी को उपलब्ध करने की कोशिश की है। उसी का उद्‌भास उनके 'अर्धनारीश्वर'

ग्रंथ में रवीद्र विषयक निबन्धों में देखने को मिलता है। यद्यपि, यह कहना कठिन है कि रवीद्र-काव्य के स्वरूप को इन कतिपय निबन्धों में उद्घाटित करने में वे पूरी तरह से सक्षम हुए हैं या नहीं। क्योंकि, सुविशाल रवीन्द्र साहित्य की सभी विशेषताओं और उसके अन्तर्निहित तत्त्वों एवं तथ्यों का उद्घाटन केवल कुछ निबन्धों में ही क्यों, एकाधिक ग्रन्थों में भी, पूर्ण रूप से सम्भव नहीं है। तथापि एक भिन्न भाषा के कवि ने अपने अनुराग और श्रद्धा के आलोक में जिस तरह अपने बोध को और अपनी उपलब्धि को अभिव्यक्त किया है, उसका मूल्य साहित्यप्रेमियों के लिए अपरिसीम है।

हिन्दी काव्य के छायावाद के उत्तरकालीन युग की सर्वाधिक उल्लेख योग्य घटना दिनकर (1908-1974) जी का आविर्भाव है। विगत तीन सौ वर्षों से हिन्दी काव्य साहित्य में छायावाद की जो परिपाटी चली आ रही थी उसमें परिवर्तन का शंखनाद सुनाई पड़ने लगा था। समय की माँग भिन्नतर थी। इस समय जनसाधारण का मन स्वाधीनता-आकांक्षी था। प्राणों में पराधीनता के विरुद्ध अग्नि भभक रही थी। इसीलिए केवल ललित, कोमल पदावली स्वाधीनताकामी मनुष्यों के मन-प्राण को नहीं लुभा सकी। उन दिनों भारतवासियों की अपेक्षा सामंतवाद के विरुद्ध प्रतिवाद, और ब्रिटिश साम्राज्यवाद के खिलाफ विप्लवी-गीत सुनने की थी, इसलिए खड़ी-बोली की कठिन-कठोर भंगिमा की आवश्यकता सामने प्रकट हुई। इसकी नींव रखी छायावादी युग की राष्ट्रीय चेतनासम्पन्न कविगोष्ठी ने, जिससे छायावादी युग में पाठकों के बीच हिन्दी कविता की बहुत कुछ प्रतिष्ठा राष्ट्रीय कविताओं ने रखी (जैसे, मिट्टी की ओर—दिनकर)।

दिनकर, भारतेन्दु, मैथिलीशरण, रामनरेश त्रिपाठी, सुभद्राकुमारी चौहान, माखनलाल चतुर्वेदी एवं बालकृष्ण शर्मा 'नवीन' आदि प्रमुख रूप से हिन्दी-काव्य की विदग्ध उत्तरपीढ़ी हैं। उनके काव्य पर जहाँ उर्दू के कवि हाली, चकबस्त और इक़बाल की पौरुषदृप्त कविताओं का प्रभाव पड़ा है वहीं संस्कृत और बांग्ला के काव्यों की रस-धारा ने दिनकर के काव्यों को नवीन जीवन-संस्कार प्रदान किया है। देखा गया है कि एक ओर कालिदास, रवीन्द्रनाथ दिनकर की रचनाओं में स्थान पाते हैं तो दूसरी ओर काज़ी नज़रुल इस्लाम के अग्निगर्भा वीरत्वव्यंजक तूर्यनाद भी दिनकर के काव्यों में ध्वनित-प्रतिध्वनित हुए हैं। दिनकर के काव्य में इसी त्रिवेणीधारा का

महासंगम है। यहीं हिन्दी के इस कवि की व्याप्ति है, यहीं इनकी गम्भीरता का गोपनीय रहस्य है। उनकी काव्य-सृष्टि की प्रेरणा रवीन्द्रनाथ थे। इस बात को उन्होंने अपने 'कवि की दृष्टि में उसकी सृष्टि' प्रबन्ध में श्रद्धा सहित स्वीकार किया है। इसके अलावा भी अपने 'चक्रवाल' काव्य-संकलन की भूमिका में रवीन्द्र-काव्य आस्वादन की बात का उल्लेख इन शब्दों में किया है—'अपनी तत्कालीन रुचि का स्मरण करने पर मुझे ऐसा याद आता है कि छायावादी युग में मेरे सबसे प्रिय कवि मैथिली शरण गुप्त, माखनलाल, सुभद्रकुमारी चौहान आदि थे। कॉलेज में बंगला सीखकर मैंने रवीन्द्र और नज़रुल से परिचय बढ़ा लिया था 'संस्कृति के चार अध्याय' प्रबन्ध-ग्रंथ में दिनकर ने भारतवर्ष के नवजागरण के इतिहास की आलोचना के प्रसंग में स्वामी दयानंद, राजा राममोहन रॉय, रामकृष्ण परमहंस, विवेकानंद, अरविन्द, रवीन्द्रनाथ प्रमुख मनीषियों के बारे में अपना अभिमत व्यक्त किया है। लेखक के कथन से बहुतों के एकमत न होने पर भी उनकी भावना की मौलिकता और उनके पांडित्य को अस्वीकार नहीं किया जा सकता है। लेखक ने चरम दृढ़विश्वासपूर्वक स्वीकार किया है—'गांधी, रवीन्द्रनाथ, राधाकृष्ण और जवाहरलाल में हम इस आशा को गतिशील पाते हैं कि भारत के पास तो सन्देश है, दीर्घकालीन अनुभव है, उनसे सारे विश्व का कल्याण हो सकता है।' (संस्कृति के चार अध्याय-पृष्ठ 26) दिनकर का एक और आलोचित गद्य-ग्रंथ 'अर्धनारीश्वर' उनकी दृष्टि और सृष्टि का परिचायक है। आलोच्य ग्रंथ में रवीन्द्रनाथ के सम्बन्ध में यथाक्रम चार निबन्ध लिखे गए हैं—(1) रवीन्द्र जयंती के दिन, (2) रवीन्द्रनाथ की राष्ट्रीयता एवं अन्तर्राष्ट्रीयता, (3) क्या रवीन्द्रनाथ अभारतीय हैं? एवं (4) काल के अर्धनारीश्वर। इन प्रबन्धों का वैशिष्ट्य प्रासांगिकता है। पच्चीस वैसाख को श्रद्धा-निवेदन करते हुए कवि के जन्म-दिन का पालन करने की सामूहिक रस्म की आज जो आलोचना व समालोचना की जाती है उसी समय हिन्दी-साहित्य के एक कवि-साहित्यिक ने उनके समर्थन में जिस युक्ति और निष्ठा का परिचय दिया है वह प्रचार की माँग करता है। कभी-कभी तो यह सोच कर विस्मित होना पड़ता है कि कवि अनुभव की कितनी गहराई में कितने अतल तक डुबकी लगा सकने में समर्थ हुए हैं। एक सफल गोताखोर की भाँति वे बहुमूल्य मोती-माणिक संग्रह करने में समर्थ हुए हैं। आलोचनाएँ

इतनी सरल प्रवाहमय हैं कि साधारण पाठक के लिए भी इनका रसास्वादन करना अत्यंत सहज है।

'रवीन्द्र जयंती के दिन' प्रबन्ध में दिनकर ने कवि के जन्मदिन के पालन के सम्बन्ध में अपने मत दिए हैं। इस प्रसंग में उन्होंने लिखा है—'एक रवीन्द्रनाथ कितने नामों से पूजित एवं प्रशंसित होते हैं, यह देखकर बहुत आश्चर्य होता है। रवि को सन्त, दार्शनिक, ऋषि, महर्षि तथा नबी अथवा अवतार के रूप में रूपांतरित कर लेने का हम लोगों का पुराना अभ्यास है। अब रवीन्द्रनाथ भी स्वजाति के इस अभ्यास के शिकार होंगे, यह सम्भावना वर्धमानक्रम में है।' इस प्रसंग में दिनकर ने भारतवासियों के भावावेग के बारे में बताते हुए लिखा है—'जीवन-भर हम लोग नेताओं की कितनी भी अवहेलना क्यों न करें, मृत्यु के संग-संग उन पर देवत्व आरोपित कर उनकी पूजा-अर्चना करने लगते हैं और फूलों का अर्घ्य सजाने लगते हैं। गांधीजी की मृत्यु के बाद उनके उपदेशों की तरफ से हम लोगों ने मुँह फेर लिया है किन्तु बड़े उत्साह से हम गांधी मूर्ति, गांधी मन्दिर का निर्माण किए जा रहे हैं। रवीन्द्रनाथ के सम्बन्ध में भी हमारी यही प्रवृत्ति है। यूरोप में उनके बारे में कौन क्या मन्तव्य दे रहा है, उसे संकलित करने में हमें बहुत आनंद मिलता है। किन्तु रवीन्द्र-साहित्य की गहराई में डूब कर उसके सौरभ का अपने हर रोमकूप में पान कर पाने के धैर्य एवं साहस का हममें तुलनात्मक रूप से अभाव है।' दिनकर मानते थे कि रवीन्द्रनाथ को सन्त, महात्मा, द्रष्टा, ऋषि, दर्शनचेता, अथवा राजनीतिविद—जिस नाम से भी अभिहित क्यों न किया जाए, इन उपाधियों में एक भी ऐसी नहीं है जो उनका सम्यक परिचय वहन करती हो। उनका यथार्थ परिचय एक ही है—वे कवि हैं, जो अपने निजी गीतों की सामर्थ्य से व्यतीत भगवान से कुछ भी नहीं चाहा और गीतों के माध्यम से जो उद्वेग, चरित्र और शान्ति अर्जित की थी उसके प्रति उनमें परम गौरवबोध था। तभी तो उन्होंने लिखा है—'God honours me when I work, He loves me when I sing...these are seekers of wisdom and seekers of truth, I seek their company so that I may sing.'

दिनकर के अनुसार रवीन्द्रनाथ क्यों अवतार, नबी, द्रष्टा अथवा ऋषि होने के लिए प्रलुब्ध होंगे? ऐसा कोई कार्य है जो नबी या अवतार कर गए हैं किन्तु कवि नहीं कर सके हैं? मानव हृदय में प्रेम जागृत कर उसकी

इन्द्रियों एवं चेतना को बन्धनमुक्त कर उसे व्याप्ति देने के लिए रवीन्द्रनाथ ने जो कुछ लिखा है, वही उन्हें मानव-समाज में सर्वश्रेष्ठ कवि के रूप में स्थापित करने के लिए पर्याप्त है। दिनकर ने रवीन्द्रनाथ को अपना एकान्तप्रिय कवि कहा है। उनकी कविताओं के एकनिष्ठ पाठक के रूप में दिनकर का वक्तव्य उल्लेख योग्य है,"उनकी कविता पढ़ते-पढ़ते ऐसे अनुभव के संसार में आ पहुँचा जहाँ ऐसा लगा कि वे उन सभी अनुभवों और अभिज्ञता के स्तरों को पार कर गए हैं जिसमें प्रत्येक भारतीय की उन्नति की राह है। उनका जगत हम सभी का परिचित जगत है, उनके चित्र हमारे घर-आँगन और अमराई के चित्र। निर्जन ग्राम-पथ पर मध्यान्ह वायु में उड्डीयमान धूलकण, घने वृक्ष की छाया से ढका चाँद, वर्षा से उत्ताल नदी, नदी पार वृक्षों में ढके गाँव, नदी में पाल वाली नौकाएँ, ईशान कोण से नीलाभ बादलों का आवागमन—इन्हीं सारे खंड-चित्रों में ही तो हमलोगों के जीवन का ठिकाना है।

आलोच्य प्रबन्ध में उन्होंने रवीन्द्रनाथ के काव्य-वैविध्य के बारे में बताया है कि रवीन्द्रनाथ ने ज्ञान-जगत के किसी भी क्षेत्र को अपनी पकड़-छुअन से बाहर नहीं रखा। छोटे-छोटे ललित गीतों से आरम्भ करके विज्ञान की पुस्तक तक उन्होंने लिखी है और उन्होंने जो कुछ भी लिखा उसमें ऐसी एक भी रचना नहीं है जिसे प्रथम श्रेणी की उत्कृष्ट रचना न कहा जा सके। पृथ्वी पर और भी कई लेखक और कवि हैं जिनकी रचना अलग-अलग लोगों के लिए अलग-अलग प्रथम श्रेणी की रचना जैसी सम्मानित होगी। जैसे शेक्सपियर, जिसके सामने नाटककार रवीन्द्रनाथ सामान्य रूप से म्लान हो जाएँगे। कहानी और उपन्यास के क्षेत्र में एक ही समय में शरतचन्द्र ने प्रचंड जनप्रियता के साथ उनसे प्रतिद्वंद्विता की है। कविता के क्षेत्र में कालिदास, तुलसीदास, या यूरोप के एक-दो जन कवि रवि बाबू के प्रतिद्वंद्वी हों तो हों, किन्तु इन सभी विषयों का समावेश एक ही कवि में नहीं देखा गया है। साहित्य की विभिन्न शाखाओं में 'रवि बाबू' ने अपनी प्रतिभा का जो दृढ़ परिचय दिया है उसे देखकर दिनकर को लगा था कि यदि पृथ्वी पर के समस्त कवियों की आत्मा को एक ओर करना सम्भव हो और विभिन्न जनों की परीक्षा ली जाए तब इसमें कोई सन्देह नहीं कि रवीन्द्रनाथ सर्वाधिक नंबर पाएँगे।

इसके बाद 'रवीन्द्रनाथ की राष्ट्रीयता एवं अन्तर्राष्ट्रीयता' नामक लेख में दिनकर ने रवीन्द्रनाथ की राष्ट्रीयता और अन्तर्राष्ट्रीयता के बारे में चर्चा करते हुए कहा कि "जनसाधारण जिसे अन्तर्राष्ट्रीय व विश्ववाद कहता है, रवीन्द्रनाथ उसके अनुरागी नहीं थे। उन्होंने नाम या आंदोलन नहीं, मनुष्य की आत्मा का निर्बाध प्रसार चाहा था। विश्ववाद की तुलना उन्होंने वाष्प के संग की है। जल जब वाष्प बन जाता है तब वह विशाल और एकत्रित हुआ धुंध लगता अवश्य है किन्तु उस वाष्प की उपयोगिता कहाँ है? इसके अलावा वाष्प किसी का और किसी के लिए भी नहीं होता। विश्ववाद का नारा भी इसी प्रकार का अस्पष्ट और धुंधयुक्त है। यथार्थ प्रयोजन मस्तिष्क और हृदय-सत्ता की उन्नति और इसमें सहानुभूति का प्रसार और दूसरों को देखने की दृष्टि में परिवर्तन है।" दिनकर ने फिर बताया है कि "गुरुदेव के मतानुसार प्राकृत विश्ववाद का यह अर्थ नहीं है कि हम हमारे घरों की दीवालों को गिरा दें। बल्कि प्रतिवेशी और अतिथियों के साथ ऐसा प्रेमपूर्ण आतिथ्य अर्पण करने के योग्य होना है जो उनका जन्म-सिद्ध अधिकार है।"

रवीन्द्रनाथ पर दिनकर ने अपने तीसरे निबन्ध 'क्या रवीन्द्रनाथ आभारतीय हैं?' में रवीन्द्रनाथ पर यूरोप के प्रभाव, नोबेल पुरस्कार पाने के बाद उनकी प्रशंसा और समालोचना इत्यादि विषयों पर आलोकपात किया है। रवीन्द्रनाथ के पश्चिम को प्रभावित करने के बारे में दिनकर ने लिखा है, 'पराधीन भारत की बाहर विश्व में काफी निंदा हुई है, जिसके पीछे प्रभु-श्रेणी की जगत-सभा में भारत को अर्ध-सभ्यदेश के रूप में ज़ाहिर करने का प्रयोजन था। भारत को सभ्य बनाने के लिए ही जैसे ब्रिटेन को कई शताब्दी तक भारत पर राज करना ज़रूरी था। हमारी सभ्यता और संस्कृति का जो कुछ भूल और कुत्सित था उसे दुनिया के सामने बढ़ा-चढ़ा कर पेश करने का प्रयास चल रहा था। ऐसे समय में एक दिव्य और महत भावना लेकर जब रवीन्द्रनाथ पश्चिम गए, पश्चिमवासी उन्हें देखकर चमत्कृत हो गए। वहाँ के ख्यातिलब्ध साहित्यिक जन ने उन्हें स्वेच्छा से श्रेष्ठत्व सम्मान दिया एवं वे जहाँ-जहाँ भी उपस्थित हुए, उन लोगों ने उन्हें ऐसे प्रशंसा दी मानो वे साधारण मनुष्य मात्र नहीं, मानवों के चरमोत्कर्ष के प्रतिनिधि हैं। उनमें जो अपार्थिव सुषमा, सुचारु लावण्य एवं सांस्कृतिक पावनता थी उसने एक साथ ही पश्चिमवासियों को मुग्ध और विस्मित कर दिया था। रवीन्द्रनाथ हमारे राष्ट्रीय कवि हैं।

उन्होंने भारतवर्ष की अन्तरात्मा की गरिमा की जैसी व्याख्या की, उनसे पहले उस तरह और किसी ने भी नहीं की। रवीन्द्रनाथ की महिमा और उज्ज्वलतर रूप में स्थापित हुई, इसका कारण यह था कि उनका प्रादुर्भाव ऐसे समय में हुआ जब भारतवर्ष की गरिमा को एक ऐसे व्याख्याता की आवश्यकता थी जिसकी वाणी केवल स्वदेश में ही नहीं विदेश में भी समादृत हो। सम्पूर्ण वैचित्र्य के बीच भारत की सनातन आत्मा जो सर्वव्यापी है, सारे उत्थान-पतन से गुजरता भारतवर्ष ज्यों मानव आत्मा की निर्विछिन्नता की तरह संश्लिष्ट है, भौतिक सम्पदाओं के अवक्षयों में भी भारत की अ-चेतना इन सभी को वाणी रूप देने के लिए रविबाबू अवतीर्ण हुए थे। लगता है कि इसे महाकाल की पोथी में भारतवर्ष का भाग्योद्धार लिखे जाने के पूर्व ही लिखा गया था, और उसी के पर्यायक्रम में इस विशाल और गौरवशाली देश की आत्मा बहुकाल से रवीन्द्रनाथ की प्रतीक्षा कर रही थी। और जब उनका आविर्भाव हुआ, स्वकीय रूप से कुछ ऐसी विशिष्टता के साथ उन्होंने उस उद्देश्य को पूरा किया जिसे कोई अन्य नहीं कर सकता था। रवीन्द्रनाथ की देशभक्ति के प्रसंग में दिनकर की राय थी कि उदारचेता रवीन्द्रनाथ ने केवलमात्र भारतवर्ष को ही नहीं, समस्त विश्व को अपने हृदय में स्थान दिया था। यह उदारता देश के अभ्यंतर उनके समालोचकों के लिए थी। वे कुछ कम उदार माने जाते यदि मनुष्यत्व की पूर्णता के एक अंश को काटकर देशभक्ति की वेदी पर उत्सर्ग कर पाते। तब शायद हम भारतीयों की दृष्टि में वे कुछ अंश तक अभारतीय रूप में नज़र नहीं आ पाते। किन्तु यह संकीर्णता, सीमाबद्धता रवीन्द्रनाथ के लिए पूर्ण रूप से अपरिचित बातें थीं। दिनकर को लगता है कि मानी और व्यवहार में लाई गई संस्कृति के जिस स्तर पर रवीन्द्रनाथ पहुँच गए थे वहाँ देशभक्ति के लिए जीवन की पूर्णता का बलिदान दे पाना असम्भव बात थी। रवीन्द्रनाथ अपने मनन-लोक में एक निष्कर्ष पर पहुँच गए थे कि यदि देशभक्ति को बचाए रखने के लिए मनुष्य-धर्म का त्याग करना पड़े तब वह यथार्थ देशभक्ति नहीं हो सकती, मात्र प्रतारणा हो सकती है। और यहीं रवीन्द्रनाथ का श्रेष्ठत्व है। परिस्थिति की माँग पर जिन लोगों ने काव्य या संस्कृति के पूर्ण मूल्य का ह्रास कर युगों के अर्घ्य की रचना करने में किसी दुविधा का सामना नहीं किया उन सभी से वे पृथक एवं स्वतंत्र थे—उनका पूर्णता बोध, उनका अखंडता बोध ही इसके मूल में था।

रवीन्द्रनाथ पर अपने अंतिम लेख 'कला के अर्धनारीश्वर' में दिनकर ने रवीन्द्रनाथ की शिल्प-सत्ता (लेखक की कारीगरी) की चर्चा की है। उत्तराधिकार से रवीन्द्रनाथ ने जो जगत पाया था अथवा जिस भूमि की पाठकों के लिए रचना की थी उसकी चर्चा दिनकर ने की है। दिनकर के अनुसार वह भूमि या पृथ्वी आनंद और सौंदर्य की भूमि है, इस जगत की धूसरित मलिनता से उसका कोई संसर्ग नहीं था। कवि के संसार में ठोस लोहा और कठोर पत्थर द्रवीभूत होकर विमल ज्योत्सना लोक में रूपांतरित हो जाते हैं। जबकि मिट्टी की पृथ्वी का आर्तनाद भी विस्तार पाता है एवं कलाकार रवीन्द्र जितना भी आत्मगोपन करें इस आर्तनाद को सुने बिना नहीं रह पाते। रवीन्द्रनाथ का चेतनालोक इतना समृद्ध था कि उन्होंने स्वदेशी आंदोलन के बहुत पहले उन्नीसवीं शताब्दी में ही इस आर्तनाद को सुन लिया था और अपने अंदर के कलाकार को सावधान करते हुए 'एबार फिराओ मोरे' शीर्षक से कविता लिखी थी। इस कविता को पढ़ने पर समझ में आ जाता है कि रवीन्द्रनाथ ने स्वदेश की वेदना को कितने गहन और त्वरा रूप में अनुभूत किया था। उनके मन की गहराई में यह बोध भी जागृत हुआ था कि महत आदर्श के स्वप्नकल्पित राजमहल का त्याग करके नीचे धरातल पर के पीड़ित मनुष्यों की वेदना का भागीदार होना कम महत्त्वपूर्ण नहीं है।

आलोच्य प्रबन्ध में दिनकर ने जिस प्रकार रवीन्द्रनाथ की कवि-प्रतिभा, शिल्प-सत्ता, गीति-कविता इत्यादि को लेकर चर्चा की है उसी प्रकार उर्दू कवि इक़बाल और रवीन्द्रनाथ के काव्य-धर्म का तुलनामूलक चर्चा भी किया है।

प्रसंगतः दिनकर की दीर्घ कविता 'उर्वशी' एवं खंड-काव्य 'कर्ण-कुंती संवाद' की चर्चा यहाँ समीचीन है। गोपालकृष्ण कौल द्वारा सम्पादित 'कवि की दृष्टि में उसकी सृष्टि' नामक ग्रंथ में दिनकरजी का एक साक्षात्कार प्रकाशित हुआ था, जिसमें गोपालकृष्ण का एक प्रश्न था कि "दिनकर द्वारा रचित उर्वशी एवं रवीन्द्रनाथ ठाकुर और योगी अरविन्द द्वारा रचित उर्वशी में अन्तर कहाँ है?" दिनकर ने उत्तर दिया था कि "उर्वशी काव्य में एक जगह रवीन्द्रनाथ की कविता पतिता की छाया पड़ी है किन्तु उर्वशी की मूल कल्पना का प्रश्न जहाँ उठता है वहाँ कह सकता हूँ कि रवीन्द्रनाथ की उर्वशी

पर प्रभाव की जितनी कल्पना हो सकती है ठीक उतनी भी रवीन्द्र की उर्वशी से मेरी उर्वशी प्रभावित नहीं है। रवीन्द्रनाथ ने तो उर्वशी पर किसी खंड-काव्य की रचना नहीं की। उनकी उर्वशी तो स्वच्छ गीति काव्य है, एवं उसकी तुलना मेरी उर्वशी के एक आवेगमय बहिर्प्रकाश के साथ की जा सकती है। अरविन्द की उर्वशी एक खंड-काव्य है, वहाँ उर्वशी जीवन-ज्योति स्वरूपा है, जिसके अन्तर्धान हो जाने पर पुरुष-गण उदासीन साधकों की भाँति हिमालय की अरण्य-सरणी में प्रस्थान करते हैं। मेरे यहाँ मानसी उर्वशी देवी और एवं अर्ध-मानवी का समन्वित रूप है। वे देह और आत्मा दोनों को अनुप्राणित करती हैं। अतींद्रियता की जो दिव्यज्योति रवीन्द्र की उर्वशी में विद्यमान है उसका अस्तित्व मेरी उर्वशी में भी है। तब दोनों की कल्पनाओं में नारी का कामिनी रूप ही प्रधान है। अरविन्द ने उर्वशी को अलौकिकता का रहस्यपूर्ण सघन-आवरण दिया है।''

दिनकर एवं रवीन्द्रनाथ दोनों ने 'कर्ण-कुंती संवाद' की रचना की है। रवीन्द्रनाथ का 'कर्ण-कुंती संवाद' काव्य-नाटिका है। दिनकर के 'रश्मिरथी' खंड-काव्य का पंचम सर्ग 'कर्ण-कुंती संवाद' है। उनके 'कर्ण-कुंती संवाद' को स्वतंत्र रूप से भी प्रबन्ध-काव्य के रूप में मान्यता दी गई है। रश्मिरथी कर्ण की जीवनी-नाटिका है। कर्ण नामक चरित्र का आद्यांत परिचय है। उसका अजेय पौरुष, वेदना और असहायता, उसके गुणों का नाट्य-रस से समृद्ध वर्णन ध्रुपदी शैली में मर्यादा सहित प्रस्फुटित हुआ है। रवीन्द्रनाथ और दिनकर दोनों के ही कर्ण चरित्र का आधार उसका धर्म-बोध, कर्तव्यनिष्ठा, द्वंद्व से दुख को पार कर स्तब्ध गम्भीरता में समाहित है। धर्म एकमात्र रक्षणीय है, इसी धर्म-कृतज्ञता का धर्म, बन्धुत्व का धर्म, पौरुषेय-धर्म, अंगीकार करने का धर्म, मातृ-स्नेह का धर्म सभी कर्ण के जीवन के आधार से हैं। रवीन्द्रनाथ के काव्य में कर्ण चरित्र का विश्लेषण करते समय प्रमथनाथ विशी ने यथार्थ (सही)ही कहा है, "...तुम कुंती! अर्जुन जननी!" इन तीन शब्दों में जो भय, विस्मय, कौतूहल और रहस्य-बोध है उसकी तुलना बंग-साहित्य में नहीं है। वज्र की अकस्मात गर्जना और दिगवक्षविदीर्णकारी विद्युत का अग्नोउच्छ्वास इन तीन शब्दों में इनकी एकत्र ध्वनि प्रतिफलित है। स्वयं विडम्बना का यह मानो निदारुण अट्टहास है। उस छत्र के निर्मम, निर्मेघ, संक्षिप्त वज्राघात से कर्ण का समाप्तप्राय कीर्ति सौध सशब्द भहरा

पड़ा है। वह छत्र उसके सह-जीवन की व्यर्थता की सूचना और परिणाम वहन कर रहा है। [रवीन्द्र-प्रवाह, प्रमथनाथ विशी, पृष्ठ 40-41]

दिनकर की 'कर्ण-कुंती संवाद' रचना में गठन, रचना-शैली, वाक्य-विन्यास और शब्द-चयन में रवीन्द्र की प्रतिभा की असामान्य द्युति की उज्ज्वल आभा दीख पड़ती है। किसी भी पंक्ति के खंडांश या स्तवक की शैली में रवीन्द्र-प्रतिभा का प्रतिरूप किसी भी संवेदनशील पाठक को अनुभूत हो सकता है, किन्तु दोनों के कर्ण-कुंती संवाद के प्रकटीकरण और शिल्प इन दो बिन्दुओं में अन्तर है। दिनकर ने रूढ़ वास्तविकता का कठोर कठिन धर्म कर्ण के चरित्र में उजागर कर दिया है। जन्म-वृत्तान्त दिनकर के कर्ण के लिए अचीन्हा नहीं है, कृष्ण ने वह सत्य उसे प्रयोजनानुसार बता दिया है। जिस विस्मय, भय, कौतूहल के आवेग से रवीन्द्रनाथ का कर्ण उद्वेलित है उसकी नाटकीय परिणति यहाँ भिन्न है। कुंती के संग प्रथम परिचय की निदारुण आयरनी यहाँ नहीं है। दिनकर का कर्ण जननी के प्रति अभिमान से सहस्र-विदीर्ण हो पौरुष दीप्त कंठ से घोषणा करता है—"देवाय? ही कुले जन्म मदाय? ही पौरुषम?" अर्थात देवाधीन जन्म के अभिशाप के विरुद्ध वह आ-शैशव संग्रामरत रहा है। लांछना उसकी निर्मम नियति है। इसके विरुद्ध वह निरुपाय है किन्तु महासमर के इस संधि क्षण में उसके पौरुष की परीक्षा है। उसके जन्म के रहस्य ने उसे अर्जुन का सम्बन्धी बनाया, देवचक्रान्त ने उससे रक्षा-कवच छीन लिया, तथापि आगामी काल के महारण के लिए वह प्रतीक्षारत है। अर्जुन या कर्ण किसी एक को वीर-गति मिलेगी। यह निर्मम सत्य कर्ण जिस बलिष्ठता से व्यक्त करता है, वह दिनकर की एकान्त मौलिक प्रतिभा का परिचायक है। कर्ण दृढ़ता के साथ सगर्व कहता है—"जगत में जितने दलित, प्रताड़ित जन, जितने नामहीन, कीर्तिहीन, धनहीन हैं, कर्ण उनका सखा है, बन्धु है, सहचर है, विधि के विरुद्ध उसका संग्राम है।" विषय-वस्तु को उपस्थित करने के लिए दिनकर ने कर्ण के चरित्र की त्रासदी को वर्तमान परिप्रेक्ष्य के आधार पर समझने की चेष्टा की है। कुंती की समस्या, उसकी असहायता केवल महाभारतकालीन ही नहीं है, बल्कि प्रत्येक युग में इसने कुमारी माताओं को विवश किया है, पीड़ित किया है। इस कठिन निर्मम सत्य को कवि ने बड़े साहस के साथ व्यक्त किया है। भविष्य में कुमारी माता की सन्तान समाज-भय, धर्म-भय, लोक-लाज के

भय से परित्यक्त न हो—कवि ने मानो यही सतर्क वाणी उच्चरित की है। मनुष्यत्व के अधिकार की जय घोषित हुई है। यही कवि का स्वातंत्र्य है।

रवीन्द्रनाथ के 'कर्ण-कुंती संवाद' में कुंती की त्रासदी कर्ण के भाग्य की 'आयरनी' के साथ ध्रुपदशैली में वर्णित शान्त, संयत, विषण्ण महिमा के साथ उपस्थित है। कर्ण और कुंती में से कोई भी व्यक्तिगत व्यथा के बहिर्प्रकाश में, भाग्य के निष्ठुर परिहास से लांछित होने पर भी संभ्रम और संयम का त्याग नहीं करता है। कठिनतम सत्य को, क्षमाहीन अपराध को, निर्मम नियति के परिहास को कवि ने प्रवाहमय भाषा और शैली में व्यक्त किया है। यह अनन्य सौष्ठव, वेदना का ऐसा महिमामंडित रूप, ट्रेजेडी की शान्त-स्तब्धता अन्यत्र दुर्लभ है। उच्छ्वास और आवेग की सूक्ष्मता, तीव्रता-निबिड़ता और प्राबल्य सभी अन्य काव्यों में विरल है। अनुभूति का इतना सुकुमार शिल्प-रूप विस्मयकारी है।

रवीन्द्रनाथ और दिनकर दोनों के कर्ण शेष मुहूर्त में अपने दुख की गम्भीरता में, सहनशीलता में इतने महान हो उठते हैं कि उनके सामने कुंती की जननी-मूर्ति पांडुओं के साथ म्लान हुई दीखती है। कुंती के आशीर्वाद से कर्ण को दुख से विजय पाने की शक्ति मिलने की प्रार्थना के बावजूद यहाँ कर्ण दाता के रूप में ही नज़र आता है। विदीर्ण हृदय से अकुंठित चित्त से कर्ण स्वयं के प्राण विनिमय से पाँच-पांडवों के विजयी होने की सम्भावना की घोषणा करता है। उन्हें राज्य दान करता है। उसके अपने लिए केवल दीप्तिहीन, कीर्तिहीन पराभव, पौरुष और धर्म, वीरों की सद्‌गति, शेष बचे और मिले जीवन में प्रथम और चरम मातृ-प्रणाम।

उपसंहार में कहा जा सकता है कि दोनों कर्ण-कुंती संवाद समानान्तर भावों के वाहक नहीं हैं, बल्कि सम-मूल्य वाले हैं। जिस प्रकार सितारों की आकांक्षा दो कवियों के लिए दो प्रकार के कलारूपों में चित्रित होती है, और वह नक्षत्र संकेत-सन्धानी कल्पना में आकाश का नक्षत्र मात्र नहीं रह जाता, सुदूर यात्रागामी भावना को भाव-प्रवण संकेतमय बना देती है, वह दोनों कवियों द्वारा सृष्ट-कला में वर्तमान है। रवीन्द्रनाथ को केन्द्र में रखकर दिनकर के लिखे निबन्ध एक स्वतंत्र मूल्य वहन करते हैं। रवीन्द्र मनस्क, रवीन्द्रानुरागी बंगाली पाठकों को यह जानना आवश्यक है कि एक भिन्न भाषा-भाषी प्रान्तीय अनुज कवि अपनी पूर्व-पीढ़ी के कवि को किस दृष्टि

से देखता है, किस तरह रवीन्द्रकाव्य के भाव-सत्य को, रवीन्द्र-दर्शन को अपने मनन-चिन्तन में ग्रहण करता है। निबन्धों में कई विशेष अनुच्छेदों में रवीन्द्र-काव्य साहित्य के मौलिक तत्त्वों को, रवीन्द्र-दर्शन में अन्तर्निहित सत्य को दिनकर ने जिस मानसिकता के साथ अभिव्यक्त किया है वह सार्थक शिल्प-बोध की प्रज्ञा से उज्ज्वल है। उन्होंने रवीन्द्र-काव्य के रूप-सागर में डुबकी लगाकर वास्तव में ही अरूप रत्न का सन्धान किया है इसमें कोई सन्देह नहीं है। एक दिनकर (सूर्य) ने इस प्रकार दूसरे रवि (सूर्य) को श्रद्धा की जो अंजलि अर्पण की है वह हमेशा के लिए कला-सृष्टि का अन्यतम सार्थक उदाहरण बनकर रहेगा।

9

रवीन्द्रनाथ और जापान

रवीन्द्र–साहित्य के बारे में जो लोग पढ़ते या विचार करते हैं उन्हें कभी न कभी, कहीं न कहीं रवीन्द्रनाथ ठाकुर के जापान प्रेम का परिचय अवश्य मिला होगा। विश्व कवि ने आज से प्राय: 100 वर्षों पूर्व जापान और बंगाल के बीच सांस्कृतिक आदान–प्रदान का जो क्रम प्रारम्भ किया था उसे मील का पत्थर माना जाता है।

साहित्यिक गवेषकों के मतानुसार 1902 में रवीन्द्रनाथ और जापान के विख्यात शिक्षाविद और आलोचक तेनशीन ओकाकुरा की ऐतिहासिक बैठक में भारत और जापान के बीच सांस्कृतिक सम्पर्क का सूत्रपात हुआ। ओकाकुरा जो जापान के नवीन शिल्प आंदोलन के जनक के रूप में परिचित हैं 1902 के जनवरी महीने के प्रथम सप्ताह में बेलुर मठ आए थे। वहीं से वे सुरेन्द्रनाथ ठाकुर के घर और जोड़ासांको भी गए थे। इसी जोड़ासांको में रवीन्द्रनाथ से ओकाकुरा का परिचय हुआ। वस्तुत: इसके बहुत पहले 1876 में सौरिन्द्रनाथ ठाकुर ने जापान के महाराज को एक वाद्ययंत्र दिया था। इसके बाद रवीन्द्रनाथ के पाँच बार के जापान भ्रमण ने इस सम्पर्क को और अधिक सुदृढ़ किया था।

वर्ष 1902 में, अर्थात नोबेल पुरस्कार अर्जित करने के बहुत वर्ष पहले जब कवि गुरु रवीन्द्रनाथ का नाम जापान में उस तरह से विख्यात नहीं हुआ था, तेनशीन ओकाकुरा के साथ उनके साक्षात्कार ने जापान–भारत शिक्षा संस्कृति एवं राजनैतिक सम्पर्क के क्षेत्रों में एक ऐतिहासिक एवं सुदूर प्रसारी प्रभाव विस्तारित किया था। रवीन्द्रनाथ और ओकाकुरा के बौद्धिक सम्बन्ध ने पक्षांतर से जापान–बंगला संस्कृति के क्षेत्र को नाना प्रकार से उन्मोचित किया था, जैसे शिल्पकला। रवीन्द्रनाथ उस समय तक शिल्पकला की ओर

उतना आकर्षित नहीं हुए थे। 60 वर्ष की उम्र के बाद वे चित्रांकन करने के प्रति आग्रही हो उठे थे। किन्तु पारिवारिक संस्कृति की परंपरा और शिल्पी गगनेन्द्रनाथ, अवनींद्रनाथ जैसे प्रमुखों का प्रभाव उन पर पड़ा था।

दूसरी ओर तेनशीन चित्रकार नहीं थे किन्तु उन्होंने हजार वर्ष प्राचीन ऐतिहासिक महत्त्व की जापानी शिल्प-कला के पुनरुद्धार एवं संस्कार में असामान्य भूमिका का निर्वाह किया था। कलकत्ता में जैसे बांग्ला की शिल्प-कला की ऐतिहासिकता की रक्षा में अवनींद्रनाथ, रवीन्द्रनाथ ने प्रयास किया था। अर्थात ऐसे समय में जापान और बांग्ला का सहयोग प्रभावी हुआ जब दोनों देशों में ऐतिहासिक शिल्पकला का नवजागरण शुरू हुआ था। परवर्ती काल में दोनों देशों के चित्रकारों के कामों पर परस्पर प्रभाव से ऐसा शिल्पमय जगत निर्मित हुआ जो हमें आज भी विस्मित कर देता है। ओकाकुरा और रवीन्द्रनाथ प्राच्य संस्कृति, दर्शन और आदर्श की रक्षा के लिए समान विचार रखते हैं। इसके पहले ओकाकुरा ने अनेक देशों का भ्रमण करते हुए यह जाना था कि एशिया में चिन्तन और चेतना के स्तर पर बहुलांश समानता है। विशेष रूप से चिन्तन-प्रक्रिया, धार्मिक एकता, प्राकृतिक आध्यात्मिक शिक्षा आदि क्षेत्रों में एशिया की तीन प्राचीनतम सभ्यताओं चीन, जापान और भारत में परस्पर निर्भरशीलता है। उनके द्वारा लिखे गए ग्रंथ 'द आइडियल्स ऑफ द ईस्ट' के पहले वाक्य 'एशिया इज़ वन' में ही यह गहन अनुभव निहित है। रवीन्द्रनाथ ने उनके इस अनुभव को समर्थन दिया था।

1903 में ओकाकुरा ने जापान लौटकर अपने दो चित्रकार शिष्यों, टाइकोन योकोयामा (1868) और शुन्शो हिशीदा (1874-1911) को कोलकाता भेजा। उन लोगों ने जोड़ासांको के ठाकुर निवास में रहकर कई महीने तक चित्रकार अवनीन्द्रनाथ, जगनेन्द्र नाथ आदि प्रमुख चित्रकारों के साथ भाव और कलाशैली जैसे विषयों पर विचार विनिमय किया। उन्होंने परस्पर एक-दूसरे पर गहन प्रभाव डाला। टाइकोन ने अवनींद्रनाथ को जापानी परंपरा की वाश-पद्धति सिखाई थी। उन्होंने और शुन्शो ने भारतीय चित्रकला से गम्भीर प्रभाव ग्रहण किया था। इनके पश्चात 1905 में ओकाकुरा के स्नेहभाजन चित्रकार शोकीन कटसुता (1879-1963) भारत आए थे। वे भारत में लगभग दो वर्षों तक रहे। उनका अधिकांश समय जोड़ासांको और

शान्तिनिकेतन में बीता था। रवीन्द्रनाथ से उनकी मित्रता हो गई थी। वे (शोकीन कटसुता) ही पहले जापानी थे जिन्होंने कलकत्ते में सरकारी चारुकला-विद्यालय में और शान्तिनिकेतन में जापानी और प्राच्य चित्रकला की शिक्षा दी थी। जापानी रवीन्द्र-गवेषक डॉक्टर काजुओ आजूमो के एक लेख से पता चलता है कि चित्रकार कटसुता को शान्तिनिकेतन की आब-ओ-हवा और परिवेश बहुत भा गए थे। यहाँ उन्होंने कई जापानियों का सान्निध्य-लाभ पाया था जैसे बौद्ध-पंडित एकाई कावागुची (1866-1945), जूडो-प्रशिक्षक सानो जिंसूके, कार्पेंटर कुसुमाटो आदि इनमें प्रमुख हैं। उन्होंने दार्जिलिंग के पहाड़ों को चित्र में ढाला और भारत के बुद्ध स्मृति जड़ित मन्दिरों और मूर्तियों के कई चित्र बनाए। उन्होंने हिन्दू पौराणिक देव-देवियों, फूलों, लता-वृक्षों और जीव-जंतुओं के चित्र बनाए थे। 1907 में जापान लौटने पर उनके इन चित्रों की राष्ट्रीय प्रदर्शनी भी आयोजित की गई थी। कवि ने जब 1916 में प्रथम बार जापान की यात्रा की तो उनकी अभ्यर्थना परिषद में अन्यतम सदस्य के रूप में चित्रकार ही थे। इसके बाद रवीन्द्रनाथ जितनी बार जापान गए चित्रकार कटसुता हर बार उनके सेवा-यत्न में प्रवृत्त हुए थे। कवि भी उनके प्रति अत्यधिक स्नेहिल रहते थे। 1916 में कवि ने अपनी स्वरचित कविता 'ॐ' (विपद में मेरी रक्षा करो, इस नेह से मेरी प्रार्थना है) अपनी हस्त-लिपि में लिखकर उन्हें उपहार दी थी। उसी समय कवि ने अपने जापानी निवास स्थान पर जापानी कला के असंख्य निदर्शन देखने का सुयोग पाया। 1896 में ओकाकुरा ने जिस कला-समिति का गठन किया था वहीं के उनके छात्र इस समय जापान के बड़े चित्रकार के रूप में स्थापित हो चुके थे। कवि जब जापान के तत्कालीन अन्यतम धनी हारासान के पल्ली आवास में निवास कर रहे थे तब हारा से ही उन्हें ज्ञात हुआ कि टाइक्कों और ताइकोन शिमोमूरा आधुनिक जापान के दो सर्वश्रेष्ठ चित्रकार हैं। ताइकोन को कवि ने प्राय: तेरह वर्ष पहले कोलकाता में देखा था। वे आज इतने बड़े चित्रकार हो गए हैं कवि को यह पता नहीं था। उन्होंने अपने 'जापानयात्री' में लिखा, 'बच्चों सी उनकी (टाइक्कों की) सरलता है, उनकी हँसी उनके चहुँओर हँसी बिखेरती है।...जितने दिन उनके घर (टोकियो में) रहा, जान ही नहीं पाया कि वे इतने बड़े चित्रकार हैं।' (जापानयात्री, पृष्ठ-104)।

नवीन आर्ट आंदोलन के इन दो कलाकारों ने न तो आधुनिक यूरोप की नकल की और न ही प्राचीन जापान की। उन्होंने परंपरा के बन्धन से प्राचीन शिल्प को मुक्त किया था। रवीन्द्रनाथ ने अपने एक पत्र में इनका उल्लेख करते हुए लिखा है, 'इनके चित्र एक ओर बहुत बड़े पैमाने के हैं और दूसरी ओर खूब सुस्पष्ट।...चित्रकार के दिमाग में जो विचार बहुत ही स्पष्ट रूप से प्रस्फुटित हैं केवल उसी पर ज़ोर देते हुए चित्रपट पर उसे उकेर देना, पूरे मनोयोग से चित्र का अवलोकन न करने का कोई सुयोग नहीं। कहीं मात्र उड़ती नज़र से या पंचमी शैली से रंग-संग देख कर नहीं रहा जा सकता। फक्क प्रचंड सफ़ेद पट पर अनेक रिक्त स्थान, उसके मध्य चित्र काफी प्रयत्न से जड़ा हुआ-सा। उसमें न तो अतिरेक है, न प्रदर्शन है, उसमें जैसे एक प्रयत्न है वैसे ही है संयम।' (जापान यात्री, पृष्ठ-105)।

जापान की चित्रकला की विशिष्टता देख कवि काफी मुग्ध हुए थे। विख्यात चित्रशिल्पी तांजान सिमोमुरा के चित्र ने कवि के अन्तस में तो जैसे उपनिषद के महामंत्र को ध्वनित कर दिया था—'तमसो मा ज्योतिर्गमय'। जापान के स्वाभाविक राष्ट्रीय सौंदर्य के साथ देशवासियों की दैन्यता की तुलना करके कवि गुरु गहन रूप से व्यथित हुए थे। एक बार उन्होंने अवनींद्रनाथ को एक पत्र में लिखा था—'इन लोगों के सारी राष्ट्रीय कला की गोद में मनुष्य है—इनका सम्पूर्ण जीवन इसी कला के माध्यम से बातें कर रहा है।' (8 भाद्र 1323)।

भारतीय आर्ट की जापानी आर्ट से तुलना करते हुए एक समालोचक की दृष्टि से ही उन्होंने अवनींद्रनाथ को लिखा था—'यहाँ आकर मैं पहली बार समझ पाया कि तुम लोगों का आर्ट सोलह आने सही नहीं हुआ है। अपने देश के आर्ट के पुनर्जीवन संस्कार के लिए यहाँ के आर्ट के सम्पर्क की आवश्यकता है यह तुम लोग नहीं समझ सकते। हमारे देश के आर्ट में हुए वर्णन, सामाजिक जीवन के साथ आर्ट का कोई नाड़ी-सिरा जैसा सम्बन्ध नहीं है, वह एक ऊपरी बात है, हो तो भी ठीक, न हो तो भी ठीक, इसलिए वहाँ की मिट्टी से तुम लोग पूरी खुराक नहीं पा सकते।' (पत्र, 8भाद्र)। उन्होंने इसी पत्र में और लिखा—'जापानियों ने आर्ट को अपने जीवन में स्वीकारा है, उन्होंने जीवन को हर तरह से सुन्दर बनाया है, नितान्त छोटी

चीजों का भी लेशमात्र अनादर नहीं, हमारे साथ इनका इसी बिन्दु पर सर्वाधिक अन्तर है।' बंगाल की चित्रकला कैसी होनी उचित है, इस पर उन्होंने अवींद्रनाथ को लिखा था—'हमारे नवबंग की चित्रकला में थोड़े और प्रयत्न, साहस और वृहदता की आवश्यकता है, यह बात मेरे मन में बार-बार आई है। हम लोग बहुत अधिक तुच्छ 'डिटेल्स' की ओर झुक गए हैं।' (पत्र 2य 6 भाद्र, 1323)।

कवि की इच्छा थी कि भारतीय चित्रकार जापान जा कर वहाँ के जीवंत आर्ट को देखें। उन्होंने 'जापान-यात्री' के पत्र-निबन्ध में लिखा था—'बंगाल की चित्रकला में आज नवीन अभ्युदय हुआ है, मैं इन्हीं चित्रकारों का जापान में आह्वान करता हूँ।' (पृष्ठ-47)। उन्होंने फिर लिखा—'मैंने जितने जापान के चित्र देखे उतना ही मेरा विश्वास दृढ़ हुआ है कि हमारे बंगाल में चित्रकला का जो विकास हुआ है, उसका माहात्म्य है। यह यदि अपने पथ पर पूरे उद्दाम से चल सके तो पृथ्वी पर अपनी एक बहुत बड़ी ऊँची जगह पाएगा। दुख की बात है कि बंगाल की प्रतिभा तो यथेष्ट है किन्तु वह उद्दाम नहीं है। जापान में नए चित्रकारों के लिए ओकाकुरा जो स्कूल स्थापित कर गए हैं उसमें कितने कार्य हो रहे हैं यह ठीक-ठीक नहीं बताया जा सकता।' रवीन्द्रनाथ ने बहुत आशा की थी कि विचित्रा से हमारे देश में चित्रकला की ऐसी एक धारा प्रवाहित होगी जो समस्त देशों के चित्त को आलोड़ित कर देगी, किन्तु इसके लिए अपने को कोई भी निवेदित नहीं कर सका। कवि ने लिखा है— 'उनसे जितना हो सकता था उन्होंने किया था। हो सकता है भविष्य में ऐसा कोई आए जो देश में विच्छिन्न या विक्षिप्त रूप से फैली चित्रकलाओं की शक्ति को एकत्र करके विपुल वेग से इसका गति-मार्ग प्रशस्त कर दे।' (चिट्ठी-पत्र, 4थ, पत्र 2य 3र्ड अक्तू., 1916)।

अन्त में उन्होंने बहुत सोच-विचार कर ताइकोन के परामर्श पर आराई नामक एक आर्टिस्ट को कलकत्ता के विचित्रा स्कूल में भेजना निश्चित किया, और उसके हाथ सिमोमुरा और ताइकोन की दो प्रकांड छवियों की प्रतियाँ भेजने की व्यवस्था की। उस समय छवियों की प्रतियाँ बनाने में 1500 रुपये खर्च हुए थे जो कवि ने ही दिये थे। उसके बाद उन्होंने जगनेन्द्रनाथ को लिखा था—'किसी बाहरी नए आघात से हमारी चेतना विशेष रूप से जग उठती है। इस आर्टिस्ट के संसर्ग से अन्ततः तुम लोगों का वैसा ही उपकार

होगा।...जापानी तूलिका को टानने उठाने में तुम लोगों के लड़कों के हाथ का अभ्यस्त होना आवश्यक है।' विख्यात चित्रकार नंदलाल बसु उस समय विचित्रा के साथ जुड़े थे। इसलिए कवि ने रथीन्द्रनाथ को भी लिखा—'नंदलाल आदि कलाकार यदि इससे खूब बड़े आकार के पट पर जापानी तूलिका के कार्य सीख पाएँ तो हमारी कला बहुत आगे निकल जाएगी...।' (पृष्ठ-48)। चित्र कलाकार आराई जोड़ासांको में प्रायः तीन वर्षों तक रहे। अतः रवीन्द्रनाथ के समय में भावों विचारों का आदान-प्रदान दीर्घकाल तक चलता रहा और उसके प्रभाव को अस्वीकार नहीं किया जा सकता। केवल चित्रकला ही नहीं जापान की पुष्प-सज्जा अथवा इकेबाना ने भी कवि को मुग्ध किया था। मुग्ध कवि ने कहा है, "अन्यत्र ढेर सारे फूल और पत्तों को एक तोड़े में बाँध देते हैं जैसे सिपाही की भर्ती के समय तीसरी श्रेणी के यात्रियों को एक गाड़ी में ठूँस दिया जाता है वैसे ही—किन्तु यहाँ फूलों के प्रति वैसा अत्याचार होने की सम्भावना नहीं, उनके लिए थर्ड क्लास की गाड़ी नहीं, उनके लिए रिजर्व किया हुआ सैलून होता है।" गहन ऐतिहासिक देश जापान कवि की दृष्टि में बहुत रंगीन-सा दीखा था। जापानी नृत्यकला के सौन्दर्य का वर्णन करते हुए उन्होंने कहा है—"जो मेन देहभंगी संगीत है—(उसकी तुलना कवि ने की) वह वीणा के आलाप सा है।" उसी प्रकार जापानियों के चाय-पान अनुष्ठान की अकुंठ भाव से सराहना कवि ने की है। ओकाकुरा की 'बुक ऑफ टी' पुस्तक में इस अनुष्ठान का सांगोपांग वर्णन है। रुडएहि मुरायामा के घर कवि के चाय-पान का वर्णन 'जापान-यात्री' में पढ़ते-पढ़ते हम भी जापानियों की गम्भीर अतिथि-परायणता का अनुभव करते हैं।

जापान की अनन्य साधारण सृजनशीलता ने कवि को जैसे मुग्ध किया था वैसे ही उसकी कृत्रिमता, अति यांत्रिकता ने कवि को व्यथित किया था। 'ट्रैवेलर टु जापान' के प्रथमांश में ही यह वेदना-बोध गम्भीरता से सामने आ गया है। इसीलिए खुली खिड़की में आँख टिका कर जिस 'कोवे' शहर को कवि देखना चाहते हैं वह उन्हें लौह-दानव सा दीखता है। गम्भीर दुख के आवेग में वह बोलते हैं, "यह जो देखा है वह लोहे का जापान है।" फिर भी इस निराशा के मध्य ही कवि 'किमोनो' पहने जापानी लड़कियों को देखते हैं जो इस सभ्यता की टूटी हुई सीढ़ियों वाले जापान में बेमानी

है। किन्तु तब भी कवि को लगता है कि यही जापान के जापानत्व को बचाकर रखती हैं। कवि की भाषा में, ''इन लोगों ने ही जापान की रक्षा का भार लिया है।''

जापान की अति-यांत्रिकता के बीच ही रवीन्द्रनाथ ने जापानियों के संयम का अनुभव किया था। इस प्रसंग में रवीन्द्रनाथ ने कहा है कि ''जापानी कभी भी चीखने-चिल्लाने से अपने को नहीं जोड़ते हैं। वे सब कुछ करते हैं तथापि क्या प्राण-शक्ति उनकी खर्च नहीं होती?'' जापान के इस संयम को कवि ने उनकी कविताओं में प्रत्यक्ष किया है—'कितनी असाधारण-सुषमा किन्तु क्या संयम! कितना अपूर्व सुडौलपन परन्तु एक बिन्दु भी रस का आधिक्य कहीं नहीं।' प्रसंगवश कवि ने कवि की एक हाइकू का उल्लेख किया है—(जिसे कवि ने 'अणु कविता' कहकर उल्लेख किया है)

पुराना तालाब
मेढक की कूद
जल की आवाज़।

बस! इतने-भर में ही काव्यमयता का दुर्लभ प्रकाश—जो हमारे मन के आईने में कितनी आश्चर्यजनक छवि उकेर देता है। रवीन्द्रनाथ जब कहते हैं कि इस संयम के मूल में बौद्ध धर्म का त्याग और तितिक्षा है तब हम भी लज्जित हो उठते हैं यह सोचकर कि हमारे देश में उस धर्म के रहते हुए भी हम उसे आत्मसात नहीं कर पाए हैं।

10

रवीन्द्रनाथ का काव्य एवं चित्रकला

वाक् कला (काव्य) एवं चित्रकला के आत्मीय सम्बन्ध के बारे में रवीन्द्रनाथ ने लिखा था—'चित्र का स्थूल उपादान जिस प्रकार रेखाएँ हैं, वैसे ही कविता का स्थूल उपादान वाणी है।

'वाणी या शब्दों में एक वजन, एक प्रमाण है—उसे ही छंद कहते हैं। इसमें, बाह्य के साथ भीतर को मिलना होता है। बाह्य सभी बातें, सभी वाक्य अंदर हृदय के भावों के अनुरूप होने चाहिए। तभी कवि का काव्य कवि की कल्पना को साकार करेगा। चित्रा में जिस प्रकार वर्णिका भंग है, कविता में वैसे ही व्यंजना मुख्य है। कवि के काव्य में व्यंजना वाणी के निर्दिष्ट अर्थ द्वारा नहीं, बल्कि अनिर्दिष्ट भंगिमा के द्वारा अर्थात वाणी की रेखा के द्वारा नहीं बल्कि उसके रंगों के द्वारा सृष्ट होती है।' अर्थात कवि का कहना है, "चित्रकला और काव्यकला में अन्तर होने के बावजूद, चित्रकला की विशेषताओं, जैसे प्रमाण, भाव, लावण्य, सादृश्य वर्णिकाभंग आदि को काव्य में शब्दनिष्ठा, आलंकारिक सुषमा वाच्यार्थ एवं वक्रोक्ति की सहायता से स्थापित किया जा सकता है। परन्तु एक कठिनाई का सामना करना पड़ सकता है, क्योंकि इंद्रिय चेतनाओं की सन्तुष्टि के लिए चित्रकला एवं काव्य का योगदान भिन्न-भिन्न दृष्टि से है। चित्रकला दृष्टि को प्रसन्नता देती है एवं काव्य श्रुति-नन्दन होने पर सार्थकता प्राप्त करता है। इन दोनों भिन्न-भिन्न प्रकृति की कलाओं में वही सामंजस्य बैठा सकता है, जो दृष्टि और श्रुति, स्थान एवं कला के प्रकृतिगत बाह्य-वैषम्य को हृदयगत उपलब्धियों के माध्यम से मिटा सकता है। या फिर कहें कि उनमें सही समन्वय बिठा सकता है।" और रवीन्द्रनाथ इसमें सफल हुए थे।

रवीन्द्रनाथ थे तो वाणी के उपासक परन्तु फिर भी एक दिन रेखाओं के बीच डुबकी लगाई मन की मुक्ति के लिए। किशोर वय से चित्र बनाने की प्रबल आकांक्षा उनके मन में थी। परन्तु वह आकांक्षा सत्तर वर्ष की उम्र में ही पूरी हो सकी।

इससे पूर्व अपने यौवनकाल में कवि का अपनी कविता की कॉपी में वर्जित अंश एवं पदों को विभिन्न प्रकार से काटना या फिर रेखाओं से कविता की पंक्तियों को काटते हुए उन पर तरह-तरह की आकृतियाँ बनाना या चित्र का रूप देना, एक ज्ञात तथ्य है। इन कटे हुए वर्जित अंशों को देखने पर कोई अद्‌भुत प्राणी, पक्षी, मनुष्य या फूल-पत्तों के विभिन्न आकार दिखाई देते हैं।

रवीन्द्रनाथ ने विधिवत चित्र बनाना अपने जीवन के अंतिम दशक में आरम्भ किया था। उन्होंने अपनी असाधारण कल्पना से उद्‌भूत ढाई हजार से अधिक चित्रों की सृष्टि की। अद्‌भुत-असाधारण चित्रों के आविर्भाव हुए तूलिका से खींची गई रेखाओं के माध्यम से। रवीन्द्रनाथ ने वाणी के तपस्वी होते हुए भी अपने आवेगों-संवेगों की मुक्ति को रेखाओं में ढूंढ़ा था। उन दिनों उनकी कविता और चित्र एक-दूसरे का हाथ पकड़कर साथ-साथ चल रहे थे। अर्थात उस काव्यखंड में लिखी गई कविताएँ और उनके द्वारा बनाए गए चित्रों में एक अद्‌भुत समन्वय मिलता है। सिर्फ कविता ही नहीं, इस पर्व में सृष्ट अनेक गीत, काव्य एवं चित्रकला में अद्‌भुत एक सामंजस्य हमारी दृष्टि को आकर्षित करता है। गीत बन गई है कविता, कविता बनी चित्र, फिर चित्र बन गए हैं कविता। इन गीतों व कविताओं में जो बिम्ब मिलते हैं वे पाठकों को मंत्रमुग्ध कर देते हैं। यहाँ एक महत्त्वपूर्ण प्रसंग यह है कि इस दौर में लिखी गई कविताओं पर गौर करने पर देखेंगे कि इनमें पहले की कविताओं की वह आभिजात्यपूर्ण मानसिकता एवं ललित सौंदर्यबोध अनुपस्थित है।

कारण रवीन्द्रनाथ के इस अंतिम काव्यखंड के साहित्य सृष्टि के परिवेश पर द्वितीय महायुद्ध की हिंसा और क्रूरता की अशुभ छाया पड़ रही थी। तब ऐसे परिवेश में सम्भवतः वर्षों से जिस ललित और विशुद्ध सौंदर्यबोध की उपासना में उन्होंने अपने को मग्न रखा था, उसके विषय में अब एक संशय उनके मन में गहरे पैठ गया था। यही सम्भवतः वह कारण था जिसने उनकी

सृष्टि को एक भिन्न परिवेश प्रदान किया। यही बात इनके चित्रों में भी देखने को मिलती है। और यही कारण है कि कई जगह चित्रों के बिम्ब, कविता के बिम्ब बन गए हैं तथा कई कविताओं के बिम्ब चित्रों में समाहित मिलते हैं। यद्यपि रवीन्द्रनाथ ने स्वयं एक बार कहा था, "कविता के रवीन्द्रनाथ और चित्रों के रवीन्द्रनाथ दोनों एक नहीं हैं।" (कवितार रवीन्द्रनाथ आर छवीर रवीन्द्रनाथ एक नय)। यथार्थ में ही, सन 1930 तक काव्य सृजन के क्षेत्र में रवीन्द्रनाथ की जो भूमिका है, परवर्ती दशक (अर्थात अंतिम दशक) में चित्रकार रवीन्द्रनाथ को उस भूमिका में ढूँढ पाना बहुत मुश्किल है। अंतिम दशक में सृजित कविताओं के समान चित्रों में भी द्वितीय महायुद्ध की विभीषिका का स्पर्श स्पष्ट है।

सत्तर वर्ष की उम्र में चित्रकला के प्रति कवि की आसक्ति लक्षणीय है। एक बार उन्होंने वरिष्ठ कवि अमिय चक्रवर्ती को अपनी इस अनुभूति को बताते हुए लिखा था, 'अब मुझे वानप्रस्थ में जाने के लिए दो स्थायी पते मिल गए हैं, जहाँ मैं शान्ति से विचरण कर सकता हूँ—गीत एवं चित्रकला।' और फिर स्वयं उन्होंने अपने चित्रों को 'रेखाओं का काव्य' कहा एवं इस प्रकार रेखा और चित्र को काव्यात्मक गौरव प्रदान किया।

सन 1928 से 1940 के बीच ढाई हजार से भी अधिक चित्र उन्होंने बनाए थे, जिनमें विचित्र बिंबों की भरमार है। युद्धकालीन बीभत्स परिस्थितियाँ तथा समसामयिक समस्याओं से विचलित रवीन्द्रनाथ के मन में जो अस्फुट चिन्ताएँ विक्षिप्त होकर उनके मानस पटल में कणिकाओं की तरह उमड़-घुमड़ रही थीं, कवि-चित्रकार ने उन्हें ही रंग और तूलिका के माध्यम से जीवंत बनाया। सन् 1928 से 1930 के बीच जिन चित्रों का अंकन उन्होंने किया था, उनमें आदिम पशुओं की मूर्तियाँ, बहुवक्र आदिम सर्प, अद्भुत-दर्शन नग्नमूर्ति, दुर्बोध्य नारी-मूर्ति, व्यंग्य से मुसकुराते होंठ, लंबी मुखाकृति-वाली नारी, भूली-बिसरी यादों के चित्ररूप, ज्योतिर्मय सांध्य-दृश्य, भयंकर चेहरे वाली आकृतियाँ, देह का कोई विशेष अंश या मुखावयव, नाक या ललाट (माथा) का कोई एक हिस्सा, परिचित मुखाकृति, अजीबोगरीब मनुष्य-मूर्तियाँ, अंडे के आकार की सुन्दर, रस्यमय नारी के चेहरे पर बन्द होंठ, शान्त बगीचे आदि के बिम्ब बार-बार आए हैं। सूक्ष्म रेखाओं से देहवल्लरी सृष्टि करने के बदले, पतली-मोटी रेखाओं से बनाए गए चित्रों

में उन्मत्तता का आभास नजर आता है, और वाटर कलर के हलके आभास की जगह गहरी-घनी अँधेरी रेखाओं और गहरे रंगों का प्रलेप अधिक दिखाई पड़ता है। ठीक जिस प्रकार कविता के क्षेत्र में घने शब्द चित्रों के दुःसाहस-भरे अप्रत्याशित समावेश में भी एक तरह के सामंजस्य की सृष्टि की थी। उल्लेखनीय बात यह है कि इस दौर के चित्रों में, पृष्ठभूमि कभी काले रंग में रँगी गई तो कभी पेंसिल से की गई अनगिनत रेखाओं के प्रलेप से, कभी गहरे रंगों के विन्यास से तो कभी उज्ज्वल प्रकाशमय परन्तु अस्वच्छ रंगों के प्रयोग देखने को मिलते हैं। इस चित्र-चर्चा के परिप्रेक्ष्य में, एक चित्र समीक्षक दो बातें एक साथ देख सकते हैं—एक ओर एक अशिक्षित कारुकृति को, तो दूसरी ओर एक प्रशिक्षित कलाकार द्वारा सृष्ट मौलिक चित्रकला को। इसी प्रकार कई रवीन्द्र विशेषज्ञों ने इस बात पर गौर किया है कि प्राक् पूरबी पर्व ('पूरबी' से पहले) में उनकी कविताओं में रक्तिम स्वर्णाभा, तो पूरबी में रक्तिम स्वर्णाभा की जगह श्वेत और नील वर्ण की बलिष्ठ उपस्थिति नजर आती है। रंगों के इस परिवर्तन को जैसे देखने की आवश्यकता है तो उसी प्रकार उनके नए साहसी बिंबों तथा चित्रकल्पों के बारे में भी सोचने की जरूरत है। उनके अंतिम पर्व की कविताओं में रक्ताक्त-शुष्क मैदान, सूर्यास्त का विषण्ण रूप, तीज का पतला-शीर्ण चन्द्रमा, रूखी लाल मिट्टी, आभामय सांध्य-चित्र, खड्ग की तरह ललाट, निराकार शून्यता, आतंकित करता जंगली परिवेश, भयानक चेहरे, अतीत का विकृत रूप, निद्राहीन पेचक (उल्लू), सूना घर, कीड़े लगे कुंचित पत्ते, प्रतारणा के चित्र, जानवरों के मुखौटेधारी मनुष्य, नग्न दीवार, चमगादड़ की तरह काले वर्ण की कल्पना आदि, कविता के ये बिम्ब चित्रकला के बिम्ब या इमेज के अनुरूप हैं। परन्तु यदि इन्हें हताशा या निराशा-भरे बिम्ब मान लिए जाए, तो यह कहना भी आवश्यक हो जाता है कि हताशा-निराशा के अन्धकार में ही कवि की अंतिम अवलुप्ति नहीं है। चित्रों में जैसे भयंकर दुःस्वप्न से भरी मूर्तियाँ दिखाई देती हैं, उन्हें उत्तीर्ण कर शुभ चिन्ता उत्पन्न करने वाली जाग्रत-सचेतन मनुष्यमूर्तियाँ भी उनमें आई हैं। 'शुभ ने अशुभ पर विजय पाई', इसी को चिह्नित करना चाहते थे वे। इसी प्रकार कविता के क्षेत्र में भी हमें इसका आभास मिलता है—'आबार जागिनु आमि रात्रि होलो क्षय।' (अर्थात, 'फिर से जागा मैं, रात गई बीत।')

रवीन्द्रनाथ के इन चित्रों के बारे में आलोचक विष्णु डे ने कहा है, ''रवीन्द्रनाथ, हमारे बीच में सभी के वयस्क होने से पहले तक नियमित रूप से चित्र नहीं बनाते थे, क्योंकि तब तक उनकी निर्भीक प्रेरणा को इस युग के परिवेश के समर्थन के लिए प्रतीक्षा जो करनी पड़ी, और इसके बाद तो, उनका चित्रांकन वार्धक्य में शुद्ध की खोज में नवीन उत्साह के साथ चलता ही गया।'' और यथार्थ में, रवीन्द्रनाथ ने गत शताब्दी (19वीं सदी) के साहित्य (हिन्दी साहित्य को रचने में उनके भीतर किस चित्रकार ने सर्वाधिक सहायता की थी) को अभिजात्य, बहिरंग, पारम्परिक, विवेक एवं गोपनीयता के बन्धनों से मुक्त करने में विराट योगदान दिया। इस प्रकार भी परिपूर्ण रूप से आधुनिक विश्व के वासी हो गए, और यह सम्भव हुआ कविता एवं चित्रों में सामंजस्य के कारण।

रवीन्द्रनाथ की चित्रकला में अधिकतर बीभत्स एवं अद्भुत रसधर्मी चित्र हैं। कविताओं में भी देखते हैं, कि इस समय की बहुत-सी कविताओं में भयंकरदर्शी पशु एवं कुत्सित पुराणकालिक दानवों के चित्र एवं क्रूर कुटिल अंग-प्रत्यंगों के निष्ठुर बिम्ब आए हैं, उदाहरणस्वरूप काली श्येन पक्षी के रूप में तूफान का वर्णन—

'बैशाख के महीने में देखा है,
विद्युत-चंचू बिद्ध दिगंत को
जैसे छीनकर ले आया है,
सम्पूर्ण आकाश गरज उठा
जैसे केश बिखराकर सिंह गरजता है।'

अथवा,

'बादलों के शरीर में क्षत बनाता लाल प्रकाश
उसकी कटी त्वचा पर रक्त से लिखा
विद्युत ने मेघलोक से छलाँग मारी,
चला रहा है चमकता खड्ग।'

कविता और चित्रों के संसार में—पशुओं की उपस्थिति एकाधिक बार देखने को मिलती है। द्वितीय विश्वयुद्ध में हुए दानवी अत्याचार ने रवीन्द्रनाथ

के मन की शान्ति छीन ली थी। उस अत्याचार के प्रतिवादस्वरूप थे पशुओं के चित्र, शस्त्र के रूप में कविता और चित्रों में आए हैं। इनमें प्रस्तुत बिम्ब या चित्रकल्प एक-दूसरे के ऋणी हैं। सन 1938 के अप्रैल के महीने में रवीन्द्रनाथ ने एक चिट्ठी में लिखा था, 'मेरे जीवन के अंतिम पर्व में, मनुष्य के इतिहास में, महामारी की विभीषिका देखते ही देखते किस कदर चारों ओर द्रुत गति से फैल रही है, यह देखकर मेरा मन मनुष्य की बीभत्सता के प्रति घृणा से भर उठता है। एक ओर अमानुषिक साहस और दूसरी ओर कायरता की इस धिक्कारजनक परिस्थिति के बीच, मैं आज 18 वर्ष का हो गया।'

रवीन्द्रकाव्य और रवीन्द्रनाथ की चित्रकला किस प्रकार एक-दूसरे की परिपूरक बन गई थी, यह उपरोक्त आलोचना से ही स्पष्ट हो जाता है। सन 1930 में सर्वप्रथम यूरोप में और फिर सन 1931 में भारत में जब कवि के रेखाचित्रों और चित्रों की प्रदर्शनी का आयोजन किया गया तो दर्शकों का मन अवाक् और अभिभूत हो गया था। इस प्रकार रवीन्द्रनाथ का साहित्य ही नहीं अपितु चित्रकला भी आज की और आगामी पीढ़ी के लिए बीजमंत्र का काम करेगी।

11

रवीन्द्र मानस में 'प्रान्तवासी'

बांग्ला में 'प्रान्तवासी' शब्द अर्थात 'हाशिए में रहनेवाला'; एक विशेषण के रूप में प्रयुक्त होता है। यह एक बहुआयामी शब्द है। विभिन्न अर्थों में इसका प्रयोग किया जाता है। पर शब्दकोश में इसका अर्थ है—समाज की प्रान्त सीमा अर्थात हाशिए में रहने वाले लोग।

अपने साहित्य में रवीन्द्रनाथ ने हिन्दू समाज को तथाकथित निम्न वर्ग एवं अन्य पिछड़े वर्ग के लोगों को दलित के रूप में चिह्नित किया है। उदाहरणार्थ, 'रथ की रस्सी' (रथेर रशी) नाटक। रवीन्द्रनाथ का 'दलित' समाज के पिछड़े वर्ग का श्रमजीवी मनुष्य है। नाटक 'रथ की रस्सी', उनकी कई कविताएँ, कहानियाँ और उपन्यास जैसी रचनाओं के अतिरिक्त उनके लिखे हुए पत्र एवं निबन्ध तथा शिलाईदह-पतिसर अंचलों (अब बांग्लादेश में है) में जमींदार रवीद्रनाथ ठाकुर द्वारा हिन्दू-मुसलमान दोनों समाज के दरिद्र, वंचित और सामाजिक रूप से पिछड़े कृषक-वर्ग की उन्नति के लिए किए गए काम उनकी दलित-चेतना को ही वृहत्तर अर्थ में स्थापित करते हैं। इसके अतिरिक्त परवर्ती काल में शान्तिनिकेतन से थोड़ी दूर पर स्थित श्रीनिकेतन को केन्द्र में रखकर आस-पास के गाँवों में बसे संथाली उपजाति की उन्नति हेतु किए गए सेवामूलक कर्मकांड उनके मन में युग-युग से पीड़ित, दलित, शोषित एवं वंचितों के लिए सहानुभूति नहीं, बल्कि समानुभूति का ही प्रमाण था। उनके साहित्य में यह अनुभूति किस प्रकार व्यक्त हुई है और उनके कर्म-जीवन में इस दलित, शोषित-वंचित प्रान्तवासियों की क्या भूमिका थी, यह शोध का विषय बन सकता है—'रवीन्द्र-साहित्य में प्रान्तवासी'।

कहने की आवश्यकता नहीं है कि वे बहुमुखी प्रतिभा के धनी थे। कविता के बारे में उनकी एक प्रख्यात उक्ति है—"मेरी कविता सर्वत्रगामी नहीं अपितु विचित्र पथ की राही है।" कविता की ही तरह, विश्वकवि की साहित्य-सृष्टि भी कई प्रकार के वैचित्र्यमय पथ की पंथी बनी है।

उनकी कहानियाँ, उनके उपन्यास, उनके नाटक, उनका निबन्ध साहित्य, उनके संस्मरण, यात्रा-वृत्तान्त, पत्रावली, गीतनाट्य एवं गीतिकाव्य भी उनकी कविताओं की तरह ही मानव जीवन के हर अलग-अलग स्तर को स्पर्श करते हैं। यद्यपि कई बार उन्होंने स्वयं इस बात पर क्षोभ व्यक्त किया है कि उनके साहित्य-जगत का तीन-चौथाई हिस्सा तो उच्च वर्ग और मध्य वर्ग के लोगों ने ही ले लिया है। श्रमजीवी मनुष्य तो केवल एक-चौथाई साहित्य में है। इसका कारण उन्होंने अपनी 'ऐकतान' कविता के माध्यम से व्यक्त किया है—

'सर्वाधिक दुर्गम वह मनुष्य अपने अन्तराल में,
जिसका नहीं कोई नाप बाहरी देश काल में।
वह है अन्तरमय
अन्तर में मिल जाए तो हो जाए अन्तर का परिचय
नहीं मिलता उसके प्रवेश का द्वार, बन्द वह सर्वत्र ही;
बाधा हो कर खड़ी हैं दीवारें मेरी जीवन यात्रा की।'

× × ×

'कभी-कभार गया था मैं उस मुहल्ले के प्रांगण में;
प्रवेश करूँ यह चाहत न थी मेरे हृदय के स्पंदन में,
जीवन से जीवन जुड़े
न हो तो कृत्रिम सामान से व्यर्थ हो जाए गीतों की सामग्री
मूल्य न चुकाकर साहित्य की ख्याति जो की चोरी
सही नहीं है, नहीं है सही नकली है वह मजदूरी॥'

(शान्तिनिकेतन, 21 जनवरी, 1941)

इसी कारण हम देख पाते हैं उनके द्वारा रचित साहित्य में समाज के उस हिस्से को, विशेष रूप से जिसका वे स्वयं एक हिस्सा थे। अपने उस समाज की हर विशेषता से परिचित थे वे। रवीन्द्रनाथ के जीवनकाल में भी भारत

कृषिप्रधान देश था और अब भी वही है। उधोग-धंधे काफी आगे बढ़ चुके हैं, भारत काफी आगे बढ़ चुका है; भूमंडलीकरण का असर भी रोजमर्रा की जिंदगी पर दिख रहा है। परन्तु इसके बावजूद भारत है तो कृषि प्रधान देश ही। यद्यपि आज वही किसान हर दिन प्रताड़ित हो रहा है, दारिद्रय ने अब तक उसका पीछा नहीं छोड़ा जिसके कारण आए दिन उसे मौत की राह चुननी पड़ती है। रवीन्द्रनाथ और प्रेमचन्द दोनों ने इस एक बात को माना था कि कृषिप्रधान अर्थव्यवस्था वाले इस देश में मुख्य भूमिका कृषकों की ही है। रवीन्द्रनाथ को देश-विदेश भ्रमण के कारण कई तरह के विचित्र अनुभवों और ज्ञान के आलोक में यह बात समझने में देर नहीं लगी थी कि अर्थनैतिक चालिका शक्ति वास्तव में इन्हीं लोगों के हाथों में है। अपनी कविता 'ऐकतान' में उन्होंने द्विधाहीन भाषा में इस बात को स्वीकार किया है—

'किसान ने खेतों में चलाया हल
जुलाहे ने की कढ़ाई, मछुआरे ने फेंका अपना जाल-
दूर तक प्रसारित इनका विचित्र कर्मभार,
इन्हीं पर निर्भर है समस्त संसार...'

कृषक कृषि और आनुषंगिक जीविका पर निर्भर करके ही समाज-संसार की अर्थनीति का चक्का घूम रहा है, इस बात से वे अवहित थे और इसी अनुभव की छाया उनकी कई कहानियों, कविताओं और दो-एक नाटकों में विशेष रूप से पड़ी है।

भूमिहीन किसान के दुख से वे किस प्रकार व्यथित थे यह बात उनकी सुविख्यात कहानी 'दुइ बीघा जमीन'(दो बीघा जमीन) में 'उपेन' नामक पात्र के माध्यम से प्रमाणित होती है। 'गीतांजलि' की एक गीति कविता के माध्यम से 'महाजीवन के अनुसन्धान' में उनका आह्वान देखिए—देवालय का 'भजन-पूजन-सांधना-आराधना' छोड़कर

'...जहाँ मिट्टी फोड़कर
कर रहा है किसान अपनी खेती
तोड़ पत्थरों को जहाँ बनाता है पथ
खटता है बारह मास।'

(गीतांजलि, 119वाँ गीत)

सन् 1894 में प्रकाशित 'सोनार तरी' (सोने की नाव) काव्य में बंगाल के कृषक जीवन और समाज के अनेक चित्र मिलते हैं। वैसे ही उनकी कई महत्त्वपूर्ण कहानियाँ (पोस्टमास्टर, मध्यवर्तिनी, समस्यापूरण, छुट्टी, शुभा, समाप्ति, खोकबाबुर प्रत्यावर्तन, जीवित और मृत आदि) कृषक समाज पर ही लिखित कहानियाँ हैं। 'शास्ति' कहानी में दुखीराम, छिदाम, चन्दरा आदि पात्र श्रमजीवी मनुष्य हैं। उनके 'गोरा' उपन्यास में सामंतवाद के विरुद्ध कृषक-विद्रोह का विवरण मिलता है। 'मुक्तधारा' नाटक में बाँध तोड़ने की बात श्रमजीवी मनुष्य के स्वार्थ में की गई है। उनके बहुचर्चित नाटक 'रक्त करबी' (लाल कनेर) में फागुलाल खोडाईकर जैसे श्रमजीवी मनुष्य का चरित्र चित्रण, उसका कठोर यथार्थवादी संवाद एक दूसरे रवीन्द्रनाथ का परिचय देता है, जो कि एक समाज-विज्ञानी है। इस नाटक में एक जगह फागुलाल खुदाई कर (नाम उल्लेखनीय है, जो कि हिन्दीभाषी व्यक्ति का नाम है) जो कि यक्षपुरी में मिट्टी से सोना खोद निकालने का काम करता है, अपनी पत्नी चन्द्रा से कहता है—

> 'फागुलाल : चन्द्रा मेरी लाई हुई शराब कहाँ छिपाकर रखी है, निकालो।
>
> चन्द्रा : क्या कह रहे हो? नींद से जागते ही शराब?
>
> फागुलाल : आज छुट्टी का दिन है। कल रात उन लोगों का मारण-चंडी का व्रत था। आज ध्वजपूजा, साथ ही शस्त्रपूजा भी है।
>
> चन्द्रा : क्या कहते हो?
>
> फागुलाल : देखा नहीं क्या? उनके शस्त्रों का भंडार, शराब का भंडार और मन्दिर पास-पास ही होता है।'

ऐसा लगता है जैसे यह संवाद हाल ही में लिखा गया है। रवीन्द्रनाथ वर्ग-विभाजित समाज में तथाकथित निम्नवर्गीय मनुष्य के शोषण के बारे में सचेतन थे, यह बात सन 1926 में प्रकाशित—'रक्त करबी'* (लाल-कनेर) नाटक की भूमिका से ही स्पष्ट हो जाती है। 'रक्त करबी' की भूमिका में

* 'रक्त करबी' नाटक प्रकाशित होने के करीब आठ वर्ष बाद सन् 1934 में कवि ने 'सांवताल मेये' (संथाल लड़की) की रचना की। (रवीन्द्र-रचनावली, खंड-3, पश्चिमबंग सरकार, 1983, पृ. 288-89)

यह अनुच्छेद इस बात की पुष्टि करता है—"कर्षण-जीवि (हल चलाने वाले अर्थात कृषक) एवं आकर्षण-जीवि (कृषक पर निर्भर रहने वाले) के बीच एक जो विषम द्वंद्व है, इस बात पर अपने मित्रों से मेरी कई बार चर्चा होती है। कृषि कार्य से मनुष्य को भ्रमित कर ले जाना और उससे लगातार युद्ध करवाना, ऐसा करके कलयुग कृषि समाज को केवल उजाड़ रहा है। उसकी शोषण जीवि सभ्यता की भूख, प्यास, द्वेष, हिंसा, विलासिता, मोह-माया सुशिक्षित राक्षस की तरह ही है। मेरी मुख-निसृत वाणी को ही त्रेता युग के कवि ने भी अपने रूपक के माध्यम से व्यक्त करना चाहा था। नवदूर्वादल रूपी श्यामल गात्र रामचन्द्र के वक्ष-संलग्न सीता जी को स्वर्णपूरी के अधिस्वर दशानन रावण जिस प्रकार हरण कर ले गए थे, क्या वह केवल उस युग की ही बात होती थी, इस युग की नहीं? क्या वह उस काल के ऋषि का ही कथन था, मेरे जैसे कलियुग के कवि का नहीं? तब भी तो स्वर्णपूरी की सोने की खान के मालिक ने किसानों की गर्दन पर क्या वार नहीं किया था?"

'रक्त करबी' नाटक के बिल्कुल अंतिम हिस्से में नाट्यकार (रवीन्द्रनाथ) कृषक समाज का आह्वान करता है—

'पौष तोदेर डाक दियेछे आय रे छुटे आय-आय-आय।'

किस प्रकार बाजार में 'मेहनत' का खरीदना-बेचना होता है, इसका एक ज्वलंत चित्र इस कविता में मिलता है—

'आती-जाती रहती है संथाल लड़की
सेंवल-पेड़ तले कंकड़ बिछी पथ पर
मोटी साड़ी बाँध रखी है सांवल तन को घेरे'

× × ×

'मैंने उसे खरीदा है करवाने को मजदूरी
मूल्य है जिसका अपमान, उस शक्ति को किया है मैंने चोरी,
पैसों की सेंध लगाकर।
वह ला रही है टोकरी में भर-भर मिट्टी संथाल लड़की...।'

(शान्तिनिकेतन, 5 मार्च, बांग्ला संवत 1381)

इन सबके साथ-साथ समाज के उच्च वर्ग के साथ एवं निम्न वर्ग के बीच एक द्वंद्व क्रमशः प्रबल शक्तिशाली हो रहा था, और इसका परिणाम समाज के लिए हितकारी नहीं होगा। यह बात रवीन्द्रनाथ जैसे समाजविज्ञानी को बहुत पहले ही समझ आ गई थी। उनके संवेदनशील मन ने इस उपलब्धि को अपनी 'अपमानित' कविता में समाज के तथाकथित ठेकेदारों को सचेत करने के उद्देश्य से इस प्रकार वाणी दी थी—

> 'जिन्हें तुम पदावनत करते हो, वे तुम्हें एक दिन धरा पर लाएँगे खींच,
> पीछे रखना चाहते हो जिन्हें, वे तुम्हें एकदिन रखेंगे पीछे॥'
>
> (20 आषाढ़, बांग्ला संवत 1317)

इस कविता के माध्यम से जाति, धर्म, वर्णों में विभाजित बंगीय तथा भारतीय समाज-व्यवस्था की एक अप्रीतिकर छवि स्पष्ट हो जाती है। स्थायी स्वार्थवश समाज में पीछे धकेले गए श्रमजीवी मनुष्यों के धर्म-जाति-वर्ण भेद के नाम पर किए जा रहे शोषण को यदि समाप्त न किया जाए तो परवर्तीकाल में शोषणकर्ता का क्या हाल हो सकता है, इसे कवि रवीन्द्र ने सन 1931 में प्रकाशित 'यात्रा' ग्रंथ की 'रथेर रशि' (रथ की रस्सी) नाटक में बखूबी दिखाया है। रथ को उन्होंने समाज और रस्सी को उन्होंने शोषित वर्ग के रूप में चिह्नित किया है। इसके बारे में कुछ आलोचकों का कहना है कि यह उपलब्धि रवीन्द्रनाथ को सन 1930 में रूस यात्रा के बाद हुई। परन्तु यह सच नहीं है क्योंकि सन 1930 में रूस-यात्रा से पहले ही यह नाटक 'रथयात्रा' शीर्षक से प्रमथनाथ बिशी द्वारा सम्पादित एक पत्रिका में प्रकाशित हो चुका था। हालाँकि 'रथयात्रा' की तुलना में 'रथेर रशि' (रथ की रस्सी) की अर्थवत्ता अधिक है। रथ अपने से नहीं चलता। उसे रस्सी खींचकर आगे बढ़ाती है। अर्थात रस्सी उस रथ की चालिका शक्ति होती है। तो यदि रस्सी दुर्बल हो तो वह बीच में ही टूट सकती है। रूपकधर्मा इस नाटक में रथ समाज का ही प्रतीक है, और रस्सी श्रमजीवी मनुष्य। रस्सी अर्थात श्रमजीवी मनुष्य ही रथ यानी समाज को खींचकर ले जाता है। यदि ये श्रमजीवी मनुष्य दुर्बल हो जाए, तो समाज भी दुर्बल होगा। इस प्रकार रवीन्द्रनाथ का कहना था कि किसान,

मजदूर आदि के श्रम पर ही समाज टिका हुआ है। समाज के हाशिए पर रहने वाले ये लोग ही शोषित-निपीड़ित-दलित लोग हैं जिन्हें रवीन्द्रनाथ ने 'शूद्र' नाम से अभिहित किया है। यह 'शूद्र' तथाकथित निम्नवर्ग के लिए नहीं बल्कि दलित एवं दमितों के लिए प्रयोग किया गया है। रवीन्द्रनाथ की आँखों में ये लोग ही हाशिए के लोग अर्थात 'प्रान्तवासी' हैं। समाज के केन्द्र में हैं उच्चवर्ग, उच्चवर्ण एवं उच्चवित्त (वित्त अर्थात, सम्पदाशाली, धनवान) के लोग। इन्हीं के साथ इन जैसा प्रभावशाली न होते हुए भी एक और वर्ग है जो मध्यवर्गीय कहलाता है। और सबसे नीचे हैं ये श्रमजीवी मनुष्य, जिनके सहयोग के बिना समाज चल नहीं सकता। और इसी बात की ओर संकेत करना चाहा है रवीन्द्रनाथ ने अपने 'रथेर रशि' नाटक में। हालाँकि इस नाटक में भी कुछेक कमियाँ हैं। प्राचीन काल में प्रेक्षापट में रचित होने के कारण मूलतः जाति और वर्गों में विभाजित हिन्दू समाज की विसंगतियाँ ही इस नाटक का मूल विषय हैं। वर्तमान भारतीय समाज जो धर्म के आधार पर भी बँटा हुआ है, उसकी विसंगतियाँ इस नाटक में अनुपस्थित हैं। परन्तु इस कमी के बावजूद, समाज की वास्तविक चालिका शक्ति सदैव श्रमजीवी मनुष्य ही रहेंगे, यह सत्य नाटक में बहुत जीवंतता के साथ आता गया है और इसी कारण से यह नाटक आज भी बहुत प्रासंगिक है।

'रथेर रशि' नाटक में रथ के अचल हो जाने से और फिर निम्नवर्ग यानी शोषित वर्ग की शक्ति और प्रयास से रथ के सचल हो जाने पर स्वार्थी वर्ग के प्रतिनिधि रूपी धनिक वर्ग, मंत्री, सैनिक, पुरोहित, संन्यासी किसकी क्या प्रतिक्रिया है, इसे बड़ी ही कुशलता के साथ रवीन्द्रनाथ ने चित्रित किया है। साथ ही तत्कालीन स्त्री की क्या प्रतिक्रिया थी, कि किस प्रकार समाज के ठेकेदारों ने उनके मन में गलत धारणा पैदा की, इस पर भी प्रकाश डाला है उन्होंने। पुरोहित सैनिकों के मन में किस प्रकार स्त्री एवं दलितों के बारे में भ्रम पैदा करता है यह इस संवाद से स्पष्ट हो जाता है कि "वे तो बनावटी बातें करते हैं—क्या उन्हें शास्त्रों का ज्ञान है?" यहाँ यह संवाद नाटक के मुख्य चरित्र 'कवि' के लिए किया जाता है, जो उच्च वर्ग द्वारा किए गए अन्याय एवं अत्याचारों के खिलाफ निम्नवर्ग के लोगों को सचेत करना चाहता है, उन्हें प्रतिवाद करना सिखाना चाहता है, और

एकत्रित करना चाहता है। अन्ततः रवीन्द्रनाथ 'कवि' के माध्यम से घोषणा करवाते हैं—

'फिर किसी एक युग में आएगा ऐसा एक दिन
उल्टे रथ की बारी!
और तब नए युग में होगा उच्च और निम्न वर्ग का आपस में वह द्वंद्व!'

इस 'द्वंद्व' से रवीन्द्रनाथ का 'हिंसा' अर्थ नहीं था, बल्कि निम्नवर्ग द्वारा उच्च वर्ग से अपने 'अधिकारों की माँग' करना था। और इस प्रकार रवीन्द्रनाथ स्पष्ट कर देते हैं कि समाज में ये 'द्वंद्व' एक 'जनजागरण' की ओर संकेत करता है।

समाज में यह 'ऊँच-नीच' क्यों है? इसका कारण रवीन्द्रनाथ 'कवि' चरित्र के माध्यम से स्पष्ट कर देते हैं। वे कहते हैं निपीड़ित-शोषित समाज एक दिन एक होकर शोषकों पर वार करेगा और यही प्रकृति का नियम है।

'उनका सर बहुत ऊँचा था
महाकाल के रथ से शीर्ष की ओर उनकी दृष्टि थी,
नीचे की ओर देखने का समय न था
रथ की रस्सी को ही सोचा तुच्छ है!
मनुष्य को मनुष्य से बाँधता है जो बन्धन, उसे उन्होंने नहीं माना।
रोष से भरा वह बन्धन आज गर्जन करता पूँछ झटक रहा है—
कर देगा उनकी हड्डियों को चूर-चूर!'

उच्च वर्ग की हड्डी तो चूर-चूर हो जाएगी, पर उससे भी अधिक बड़ी कोई विपदा आ सकती है और न जाने और क्या-क्या घटित हो सकता है, इसके बारे में भी रवीन्द्रनाथ हमें स्मरण करवा देते हैं, कुछ इस प्रकार—

'एक दिन वे सोचने लगेंगे, कोई सारथी नहीं तो अब वे ही हैं रथ के कर्ता-धर्ता।
कहने लगेंगे—
जय हो हमारे हल, जाल, चरखा, ताँत का।

तब वे ही बनेंगे बलराम के चेले—
हलधर की उन्मत्तता से थरथराने लगेगा पूरा संसार!'

नाटक एवं कविता के अतिरिक्त अपने निबन्धों, भाषणों तथा पत्राचार में उन्होंने सीधे-सीधे इन हाशिए के लोगों अर्थात प्रान्तवासियों की समस्याओं और उन समस्याओं के समाधान की बात की है। उन्होंने अपने 'पल्ली प्रकृति', 'पल्ली सेवा', 'पल्ली की उन्नति' (यहाँ 'पल्ली' का अर्थ है 'गाँव') 'मलेरिया', 'गाँवों में मलेरिया-निवारण', 'श्रीनिकेतन का इतिहास एवं आदर्श' जैसे कई निबन्ध तथा देश व अविभाजित बंगदेश (वर्तमान में बांग्लादेश) की कई जगहों पर दिए गए व्याख्यानों तथा भाषणों के माध्यम से देश व तत्कालीन बंग-समाज के शिक्षित वर्ग का ध्यान आकर्षित करना चाहा था, विशेषकर ग्रामीण समाज के दरिद्र कृषक और श्रमजीवी वर्गों के लोगों की जीवनधारा की उन्नति करने के लिए। यद्यपि ये रचनाएँ उनके साहित्य का अंश होने के बावजूद, उन्होंने इनकी सृष्टि केवल साहित्य सृजन के उद्‌देश्य से नहीं की थी, अपितु उन वंचित शोषित जन की पीड़ा को समझने, उन्हें समाज की मूल धारा से जोड़ने हेतु की थी। ऐसा नहीं है कि रवीन्द्रनाथ की तरह किसी दूसरे साहित्यकार ने ऐसा प्रयास नहीं किया था। पर रवीन्द्रनाथ अनन्य हैं। दूसरी जगह! जो बातें उन्होंने अपने साहित्य के माध्यम से कहने की कोशिश की है, उन्हें वास्तव में समाज में लागू करने की कोशिश भी की है उन्होंने। उन्नीसवीं सदी के अंतिम दशक में उन्हें अपने पिता महर्षि देवेन्द्रनाथ ठाकुर के निर्देशानुसार अपनी जागीर की देखभाल के लिए अविभाजित बंगाल के (वर्तमान बांग्लादेश) पाबना, राजशाही जिले तथा बंगाल के नदिया जिले में काफी यात्रा करनी पड़ी थी। इसके लिए शिलाईदह, शहजादपुर, पतिसर (वर्तमान में सभी बांग्लादेश में हैं) आदि जगहों में स्थित अपनी जागीरों में उन्हें ठहरना पड़ता था। इन जगहों तक पहुँचने के लिए उन्हें नाव में यात्रा करनी पड़ती थी। उस वक्त, समय का सही उपयोग करते हुए उन्होंने कई अमर रचनाओं की सृष्टि की। साथ-साथ कलकत्ते के अभिजात परिवार में जीवन के पहले तीस वर्ष बिताने के पश्चात, ग्रामीण जीवन के संस्पर्श में आकर गाँव के किसान-समाज की समस्याओं को अपने संवेदनशील मन के द्वारा समझने की कोशिश भी की। प्रसंगवश यहाँ उल्लेखनीय है कि भाई की बेटी इंदिरा देवी को एक पत्र में उन्होंने लिखा था—

दिघापतिया जलपथ पर
20 सितंबर 1914

'...बड़े-बड़े छतनार वृक्ष पानी में अपने प्रकांड तने को डुबोकर अपनी शाखाओं को पानी के ऊपर फैलाकर खड़े हुए हैं। आम, जामुन, बरगद के वृक्ष से घने जंगल के भीतर से बहते पानी के घाट पर हमारी नाव बँधी हुई है। वहीं किनारे पर छोटे-छोटे गाँव हैं। गाँव के लोग घाट पर नहा रहे हैं। कभी-कभी पानी की धार ज्वार के कारण बढ़ जाती है। तब वह गाँव में प्रवेश कर जाती है। धान के खेत भी पानी में डूबे होते हैं। नाव कभी-कभी ऐसे खेत के पास से जाते-जाते अचानक किसी जलाशय में प्रवेश कर जाती है। वहाँ कमलवन के भीतर सफ़ेद-गुलाबी कमल खिले होते हैं। वहाँ पनकौड़ि पक्षी पानी में डुबकी लगाकर मछली पकड़ता है। जहाँ जल जहाँ अवसर मिले जमीन के भीतर तक प्रवेश कर जाता है। स्थल की ऐसी पराजय शायद ही कहीं और देखी मैंने। यहाँ के लोगों ने पानी के साथ रहना सीख लिया है। कभी-कभी पानी का स्तर ज्वार के कारण बढ़ जाने से वह घर के भीतर तक प्रवेश कर जाता है और तब घर के भीतर ही मचान बनाकर उस पर बोरिया-बिस्तर उठाकर ले जाना पड़ता है। बाहर आँगन में खूटे से बँधी गाय तब पानी में ही खड़े-खड़े पानी में ही प्राण त्याग देती हैं, कभी साँप के डसने से तो कभी और किसी कारण से। गृहहीन कीड़े-मकोड़े-साँप-केंचुए सब घर के अंदर आ जाते हैं और मनुष्य को इन्हीं के साथ सहवास करना पड़ता है। जब गाँव के चारों ओर के जंगल के लंबे समय तक पानी में डूबे रहने के कारण बेलपत्ते आदि सड़ने लगते हैं, गौशाला और लोकालय की विविध गन्दगी, कूड़ा-करकट चारों ओर फैल कर तैरने लगते हैं, पाट (जूट) के पत्तों के सड़ने की दुर्गंध पूरे वातावरण को प्रदूषित करती है, नंगे बदन, मोटा पेट और बाँस की तरह पतले-पतले हाथ-पाँव वाले बीमार बच्चे जहाँ-तहाँ पानी और कीचड़ में कूदने-फाँदने लगते हैं। मच्छरों के झुंड काले बादल की तरह उस पानी के ऊपर मँडराते रहते हैं, गृहस्थ की बेटियाँ भीगी साड़ी बदन पर लपेटे ठंडी हवा और बारिश की बूँदों में भीगते हुए पानी को ठेलते हुए घर और बाहर के नित्य कर्म को किसी धीरज धरने वाली गाय की भाँति करती जाती हैं—तब वह दृश्य मेरी आँखों में किसी सूई की भाँति

चुभता है। यहाँ के लगभग हर घर में बुखार-सर्दी, मलेरिया, लीवर की बीमारी से पीड़ित बच्चे दिन-भर अविराम रोते रहते हैं, कोई वैद्य उन्हें बचाने नहीं आता, इतनी अवहेलना, अस्वस्थता, कुरूपता और दारिद्रय मनुष्य के निवास स्थल में कैसे कोई सहन कर सकता है? हमने हर प्रकार की शक्तियों के आगे घुटने टेक दिए हैं। प्रकृति हम पर नाराज होती है, उसे भी जैसे सह लेते हैं, राजा (ब्रिटिश) उत्पात मचाते हैं उसे भी सहन कराते हैं, उसी प्रकार शास्त्र हमारा शोषण करते हैं, उनके विरुद्ध भी एक शब्द बोलने का साहस नहीं रखते।'

('छिन्नपत्र', पत्र संख्या-121)

इस प्रकार उपरोक्त पत्र से ही स्पष्ट है कि रवीन्द्रनाथ ने केवल समस्याओं को समझने का ही प्रयास नहीं किया बल्कि उनके समाधान के बारे में भी सोचा था तथा परवर्ती काल में जिस प्रकार उन्होंने उन समस्याओं को दूर करने के लिए कदम उठाया था वह अतुलनीय है। कृषि विज्ञान के प्रयोग के माध्यम से कृषि के गुण और परिमाण में परिवर्तन का प्रयास, उन्नत पशुपालन का प्रयास, महाजन के शोषण से किसान के स्वार्थ की रक्षा हेतु भारत में सर्वप्रथम कृषि-बैंक की स्थापना, ग्रामीण लोगों को लेकर 'हितैषी-सभा' की स्थापना कर उनमें आत्मनिर्भरता जगाने का प्रयास, उन्नत कृषि व्यवस्था के साथ-साथ शिक्षा तथा स्वास्थ्य की ओर भी ध्यान देना, गाँव के जमीन-जायदाद सम्बन्धी विवादों को मिटाने हेतु सभा की स्थापना, सांस्कृतिक व साहित्यिक मेलों के माध्यम से विभिन्न धर्मावलम्बियों के बीच सौहार्द्र को बढ़ावा देना तथा सांस्कृतिक आलोचना का क्षेत्र तैयार करना एवं उत्पादित सामग्रियों को खरीदने व बेचने की व्यवस्था करना आदि कई प्रकार के कर्मकांड के प्रथम प्रवर्तक व पथ-प्रदर्शक थे रवीन्द्रनाथ ठाकुर। सन 1916 में प्रकाशित 'बंगाल डिस्ट्रिक्ट गजेटियर' में राजशाही के लेखक ओ'माली के निम्नोक्त उद्धरण से हमें जमींदार रवीन्द्रनाथ के कर्मकांड की विशेषताओं का परिचय मिलता है : '...बीसवीं सदी के प्रारम्भ से लेकर आजीवन रवीन्द्रनाथ ने ब्रह्मचर्याश्रम की स्थापना कर शान्तिनिकेतन में रहना आरम्भ किया था। एक ओर उन्होंने 'विश्वभारती' की स्थापना की और दूसरी ओर एल्महर्स्ट एंड्रूज और कुछ देसी विद्वानों की सहायता से 'श्रीनिकेतन' की स्थापना कर आस-पड़ोस के कुछ गाँवों में वहाँ के लोगों की सहायता से

ग्राम-पुनर्निर्माण का कार्य आरम्भ किया। इन गाँवों में निम्नवर्ग के लोगों के अलावा मजदूर, किसान-मजदूर, संथाल (कोआपरेटिव) की स्थापना के अतिरिक्त स्वास्थ्य-समवाय समिति की स्थापना भी पहली बार रवीन्द्रनाथ के हाथों से ही हुई थी। इन समितियों के माध्यम से गाँव के गरीब निवासियों को स्वास्थ्य-परिसेवा बहुत सहज और सस्ते में उपलब्ध करवाई जाती थी। इस प्रकार विद्यार्थियों की शिक्षा-व्यवस्था के साथ-साथ पल्ली अर्थात गाँवों की उन्नति के विषय को भी रवीन्द्रनाथ ने सहजता से जोड़ दिया था। क्यों रवीन्द्रनाथ ने ग्रामोन्नति के माध्यम से तत्कालीन गाँवों के असहाय वंचित मनुष्यों को अन्धकार से प्रकाश की ओर ले जाने का प्रयास किया था? परवर्तीकाल में 'श्रीनिकेतन का इतिहास एवं आदर्श' शीर्षक एक निबन्ध में रवीन्द्रनाथ ने इस प्रश्न का उत्तर इस प्रकार दिया था, '...मैं चाहूँ भी तो अकेला इस पूरे ग्रामीण भारतवर्ष का दायित्व नहीं ले सकता। मैं जीत सकता हूँ एक या दो गाँव। इनके हृदय को जीतना होगा, इन्हें एकत्र करके, इन्हें साथ लेकर शक्ति संचय करना होगा। यह सहज नहीं होगा, बल्कि कठिन परिश्रम की आवश्यकता है। यदि मैं केवल दो-तीन गाँवों को भी अज्ञान-अशिक्षा-अन्धविश्वास के बन्धन से मुक्त करने में सफल हो पाया तो समझूँगा कि एक छोटे से आदर्श का उदाहरण समग्र भारत के समक्ष रख पा रहा हूँ। यह बात वर्षों पहले ही मन में उठी थी, आज भी उठ रही है।'

देश की वर्तमान परिस्थिति में शत-सहस्र गाँवों में रहनेवाले अनगिनत प्रान्तवासियों को शोषण-मुक्ति का पथ आज रवीन्द्रनाथ के आदर्शों पर चलकर ही दिखाया जा सकता है। और यही कारण है कि रवीन्द्रनाथ एक मानवतावादी साहित्य-स्रष्टा के अलावा आज भी हमारे मित्र हैं, पथप्रदर्शक हैं और शिक्षक भी!

INFLUENCE OF TAGORE ON HINDI LITERATURE

Hindi and Bengali have had an interactive relationship since long. Even before the Turkish invasion, that is, since around the tenth century, the ancient form of Hindi known as *Saur Sheni apabhramsa*, was used in Bengal and poems composed in it. In much the same way, *brajabuli* literature in Bengal may claim a special kinship with Hindi. After the Chaitanya era, that is the late fifteenth and early sixteenth centuries, it was during the time of Tagore that the cultural links between Hindi and Bengali literatures grew stronger.

Tagore has played an indispensable role in the development of our literatures, and this is true of Hindi literature too. Poets and literary artists in Hindi have acknowledged that the soul of India has found its fullest representation in Tagore. His broad view of the world, his generosity toward diverse cultures, his philosophical mysticism, his concept of love and nature and his aesthetic sense have been sources of inspiration for Hindi writers.

To this context special mention should be made of the line Answswali poets. In Tagore's era, the common Bengali reader don't know much about Hindi literature. This wall of unfamiliarities was broken by Tagore. Much early in his creative life, he wrote preface to the collected works of the poet Sundardas, in which he said that Hindi literature had a natural claim to respectability. He had deep respect for the saint-poets of the medieval age. In his childhood, he was fascinated by the *Ramayana* of *Tulsidas*. He was attracted to the hagiographical collection *Bhaktamal* and to works of *Kabir*, *Tulsidas* and *Surdas*. He had written poems on these three poets. Hindi Bhavan at Santiniketan, established in 1939, is a proof of the poet's love for Hindi literature. The charge of

Hindi Bhavan was entrusted to Acharya Hazariprasad Dwivedi, the famous essayist, novelist, playwright and critic of Hindi literature As professor, Hazariji taught at Santiniketan for twenty years and edited the Viswa-Bharati Patrika.

In the Preface to the first volume (January 1942) of VisvaBharati Patrika, Acharya Dwivedi wrote that at the inauguration of the Hindi Bhavan, Gurudev expressed his wishes for the publication of a journal from Visva-Bharati that should be a medium for the popularization and development of the best in Indian culture and literature. But funds were scarce. It was with the help of Maharaja Suryapal Singh of Abhagarh that publication was possible. It is ironic that the first volume of the journal was published in 1942, a year after Tagore's death. This quarterly publication created a perceptible sensation in the Hindi literary scene. Although seemingly strange, the journal always had the name of the late Tagore among its group of editors. It also had other distinguished names in the editorial team — Kshitimohan Sen, Nandalal Bose, Gurudayal Mallick and Krishna Kripalani. Its purpose would be printed on the second page of a number:

> *Visva-Bharati Patrika, Visva-Bharati (Santiniketan) ke This tatvavadhan mein prakashit hoti hain. Isiliye iske uddeshya wohi hain, jo Visva-Bharati ke. Kintu iska Karmakshetra yehi tak smatrati koran Samyadak mandulan tabrda bosmon au kalakaron ka whanang amantru kurta kuin picks nachrapen wat kalakerran paits dharm nirvasheste samant wananjati di katyam bud. sprent ham aut sachi anaviye sanskriti ke mesdhe*

Apart from articles on literature, culture, civilization, religion, philosophy, art, music, education, politics and society, the journal also published criticism of Indian and foreign literatures. Special importance was given to translated versions of Tagore's works in Hindi. The first article in the journal would always be Hindi translation of Tagore's poem. Sometimes, the original poem would be printed in Nagri script, along with the translation Bhawaniprasad Mishra, one of the finest poets in Hindi literature, made rhymed translations of many poems by Tagore. Many essays, novels and plays of Tagore were translated into Hindi by Kshitimohan Sen, Mohanlal Vajpayee, Kashna Kripalani and Hazariprasad Dwivedi. Under the pseudonym of Vyomkesh Sastri, Dwivedi translated important works of Tagore which were appreciated across India.

A highly acclaimed Tagore scholar, Acharya Dwivedi was associated with the poet for twelve long years. This resulted in his book Mrityunjay Ravindra. In the preface, he had written: A great person is one who awakes divinity in those who come in touch with him. Rabindranath was such a great, noble man'. The depth of Tagore's influence on Acharya Dwivedi becomes evident in the following quote, from his book Mrityunjay Ravindra:

> रवीन्द्रनाथ ऐसे महान पुरुष थे कि उनके पास क्षण भर बैठना परम सौभाग्य का विषय था। सदा उनसे नई प्रेरणा और नया संदेश मिलता था। वे विधाता के भेजे हुए परिपूर्ण मनुष्य थे। वे सच्चे अर्थों में गुरु थे।

The book contains essays on Tagore's personality and his various works. It has three parts: (1) Vyaktitva (personality) (2) Krititva (achievements) and (3) Kavya (comprising 23 long poems by Tagore, translated into Hindi by Dwivediji himself).

However, readers of Hindi literature had been acquainted with the works of Rabindranath much before Dwivediji arrived in Santiniketan. Other Hindi writers had met him and developed a close association. Tagore's influence on Hindi poets and literary artists becomes apparent in the following statement by Dwivedji

> *The influence (of Rabindranath) has been more pronounced in the realm of poetry than in any other branch of Hindi literature. This mystic element in Gitanjali kindled the imagination of the young and sprouting generation of Hindi poets, who began to emulate and imitate it consciously or unconsciously ... This new type of Hindi poetry was named Chhayavad.*

In fact, most Indian poets throughout the first three decades of the twentieth century were influenced by Tagore. Among these, the chhayavaadi poets in Hindi are an important group and the first and the most eminent of them is Suryakant Tripathi Nirala! Educated and brought up in Bengal, its culture was a major influence in the Nirala's poetic growth. The influence of Tagore's mysticism is partially evident in the earliest works of Nirala. The first poem 'Bhar dete ho'in the second volume of his collection *Parimal* is a good example. Poems such as 'Badal Rup' and 'Adhivas' centre on the conflict between *maya* and *brahma*. This is common to many poems, specially the ones in *Gitika* contain a major influence of Tagore's 'Antarjami? Tagore had written:

> अंतर माझे बोसी अहोरोहो मुख होते तुमी भाषा करे लाहो, मोर कथा लोए तुमी कथा कहो, मिसाए अपन सोरे।

Much the same strain is echoed in the poem by Nirala:

> तुम्हीं गाती हो अपना गान, व्यर्थ में पाता हूँ समान भावना रंग दी तुगने, प्राण चंद बाँधो में निज अहवान!

But Nirala was most influenced by the romantic thoughts of Tagore, which becomes evident in the poem "Juhi ki Kali? Onc sample is enough to illustrate the influence of Rabindranath's diction and style on Nirala. In 'Manas Sundari', Tagore had written:

> *Aj kono kaj noy, sab phele diye*
> *Chhandobaddho granthogit, eso tumi priye*

The same sensibility is expressed in the poem *Pragalbh Prem* by Nirala:

> *Aaj nahin hai mujhe aur kuch chah*
> *Ardh vikach is hriday kamal main a tu,*
> *Priya, chod kar bandhanmay, chhandon ki chhoti rah*

In his famous elegy *Saroj Smriti*, Nirala compared the torrential flow of water along the dam on the river Bhagavati with the uncontrollable human passions:

Par bandha deha ka divya bandh
Chhalakta drigon se sadh-sadh.

This, in a way, is a reflection of Tagore's thought in "Bijayini':

Angey angey joubaneri taranga uchchhal
Labonyer mayamantrey sthir achanchal

Again in his poem *Banabela*, Nirala has resorted to the following simile while describing an *apsara*:

Apsara sudhar Sikta tanu kes, shat laharon par
Kampti visvake chakit drisyake darsan shar.

This surely reminds us of the following line from Tagore's 'Urbashi':

Sarbange kandibe tabo nikhiler nayan aghate
Baribindu pate

Examples like these are many. Although Nirala came out of this influence during the second and third phase of his creative life and started writing in a distinctive style, one has to acknowledge that he was deeply inspired by Tagore's ideas. Such was the extent of his inspiration that he wrote a whole book on Rabindranath, titled *Ravindra Kavita Kanan*.

Tagore's *Katha o Kahini* was a favourite of Nirala. He ardently wanted poems like *Suradaser Prarthana* to be written in Hindi too. According to the eminent critic of Hindi literature, Ramvilas Sarma, "Tulsidas' by Nirala is the product of this desire. But, Nirala's style and sensibility was quite different from Tagore's. This is evident in the following statement by Hazariprasad Dwivedi:

> Nirala, a poet of stature, who was brought up and educated in Bengal, held high the banner of revolt. He translated some poems and he was deeply drunk in the genius of Rabindranath's literary love. I should not be misunderstood here. Nirala is by no means, an imitator or a carbon copy of Rabindranath. He is something different, but his creative genius has been deeply stirred by Tagore's poetical works.
>
> *(Rabindranath and Hindi Literature).*

In *Ravindra Kavita Kanan*, Nirala explored the *vedanta* as the background to some of Tagore's ideas. He also stressed the element of cultural camaraderie through Hindu-Muslim amity. While analysing Tagore's deep understanding of India, Nirala acknowledged that Tagore was unique in delving into the imaginative experience of conflict between inward and outward forces. If Tulsidas represented ancient Indian tradition, a poet whose creative genius was limited to the culture of ancient India, Tagore adapted the aesthetic features of various cultures to modern India.

Rahasyavad or the mystery behind the anxiety and eagerness of union with the Lord is beautifully portrayed in the poems of Mahadevi Verma, another eminent name in the chhayavadi poetic tradition. Many of her poems show a sharp resemblance to Tagore's poems. Although Mahadevi could not read Bengali, she was fascinated by the Hindi and English translations of *Gitanjali*. Her poetic works in Hindi come close the mystic sensibility of Tagore. Hazariprasad Dwivedi was of the opinion that Mahadevi Verma's poems bear a likeness to those in *Gitanjali* and *Gitimalya*: both are musical offerings in the form of dedication and surrender.

Indeed, Verma's *Saandhyageet* vividly reminds us of *Sandhyasangeet*, Tagore's collection of poems. Both have similarities in contexts too. In *Shandhyasangeet*, strains of happiness and misery merge in the poetic soul. The source of misery and melancholy lies in love:

> *Sukh baley – e-janmo ghuchaye,*
> *Sadh jay hoite bishad*

Sukher Bela, *Sandhyasangeet* Almost the same thoughts have been expressed by Mahadevi in *Saandhyageet*:

> *Ghar aaj chale sukh-dukh bihag,*
> *Tam ponchh raha mera ag-jag*

Melancholy is the chief note in the poems of *Saandhyageet*. Happiness and misery merge to create a world of joy, in which misery is the other face of happiness. It is the union of two apparently conflicting emotions, conjuring up the central theme of her poetry, a product of rare experience born of reality and imagination.

The influence of Tagore is also prominent in the poetry of Sumitranandan Pant, another leading poet of *Chhayavaad*. Some of the poems in his collection *Veena* echo the thoughts of *Gitanjali*, such as the following lines:

> *Mama jivan ki pramudit prata, sundari nav alokit kar*
> *Vikasit kar, nav survit kar, gunjit kar, kalkunjit kar.*
> *Nirmal kar, ati ujjwal kar, manjul kar, mridu mangal kar*

The above lines remind us of Tagore's 'Antara mama bikasito karo, antarataro he'. It is said that Pantji used to sing Tagore songs supported by the harmonium.

Several other poets who drew on Tagore's thought or style were Maithili Saran Gupta, Siyaram Saran Gupta, Ramkrishna Das, Mukutdhar Pandey and Jai Sankar Prasad. Ramkrishna Das has even defined the period of four years from 1913 to 1917 as "Gitanjali ki dhoom ka yug. Maithili Sharan was so impressed by Tagore's essay 'Kabye Upekshita' that he was impelled to write a chapter on Urmila in his collection of poems *Saket.*

The celebrated Hindi poet Ramdhari Singh Dinkar was an avid reader and critic of Tagore's works. Dinkar's life and works bear a prominent influence of Tagore which he had himself acknowledged in many discussions. The book *Ardhnariswar* is an instance Dinkar's creative insight into Tagore's works. *Ardhnariswar* contains 22 essays, well-thought and well-written, out of which four are on Tagore. These are 'Ravindra-Jayanti ke Din, 'Ravindranath ki Rashtriyata evam Antarrashtriyata', 'Kya Ravindranath Abhartiya Hain' and 'Kala ke Ardhnariswar? The way in which a poet-artist of a different language has expressed his own refined sensibility while talking of Tagore with love and respect makes the essays remarkable. In some passages, Dinkar's analysis of the theoretical and philosophical context of Tagore's poetry is a witness to his critical judgement. In the essay 'Ravindra Jayanti ke Din', he writes:

> While reading his poems, I reach a world of sensibility and experience where I feel that Ravindranath is my most favourite poet. He has gone through those

experiences in his creative life which elevates every Indian soul. The world of the poet is familiar to us all, his imagery consists of the picturesque vignettes of our courtyard and our souls, the flying particles of dust along the village path in the desolate afternoon, the moon playing hide and seek in the shadows of the pipal tree, the swift motions of the brimming river, the torrential rains, the shadowy villages at the river bank, the sailing boat, the red soiled village path, flocks of dark bluish clouds flying up from the north-western horizon — these are the collages that build up the fabric of life for us.

'Urvasi' and 'Karna Kunti Samvad' are two poetic works of Dinkar that bear clear testimony of Tagore's influence.

Tagore's influence is evident in the works of Banarasi Das Chaturvedi and Rai Krishnadas. The collection of poems Gitangani by a recent poet such as Bhawaniprasad Mishra is inspired by Gitanjali. Yet, none of these writers blindly imitated Tagore. They deeply internalized Tagore's thoughts and then moulded them according to their own style.

Many researchers have written scholarly books on Tagore in Hindi. Among these, two works deserve special mention. One is Tagore aur Nirala, a comparative study of Rabindranath and Suryakant Tripathi Nirala by Awadhprasad Vajpayee. The other is Adhunik Hindi Kavita aur Ravindra by Rameswar Dayal Mishra. Some other writers such as llachandra Joshi, Banarasi Das Chaturvedi and Rai Krishnadas should also be mentioned in this connection. Ilachandra Joshi studied Tagore's works. Even today, Tagore continues to be the subject of many studies in Hindi. The eminent critic Nagendra has written a book titled *Ravindra ka Bhartiya Sahitya par Prabhav*, and the essayist Kubernath Rai has written *Maniputul ke Nam Patra*. Ramsankar Dwivedi has written *Nirala ke Soundarya bodh par Ravindranath ka Prabhav*, while Siv Kumar has written the essay *Ravindranath ki Rajasthan par KavyaRachnayen*. Ganga Prasad Vimal is the author of *Ravindranath aur Hindi*, and, more recently, *Ravindra Drishti mein Bharat*. Critical assessments of Tagore continue to appear in Hindi periodicals. Thanks to the translations published by Sahitya Akademi, National Book Trust and other government agencies, translations and studies of Tagore in Hindi has never been short of public patronage. However, works by Tagore had won the hearts of Hindi readers even before he was awarded the Nobel prize in 1913. As a matter of fact, the first translated version of a Tagore novel, *Rajarshi*, was a Hindi rendering by Janardhan Jha and published by Indian Press, Allahabad, in 1910. It was followed by *Bichitra Badhu Rahasya*, a Hindi translation of *Bou Thakuranir Hat*, published by the same press in 1912. *Aankh ki Kirkiri*, translation of *Chokher Bali* was another contemporary translation. After the Nobel award, Tagore became a celebrity in the global literary community, and more than 70 Hindi translations were published abroad. Icons of Hindi literature such as Premchand, Nirala and Mahadevi Verma were among the translators. No less than 36 writers translated Gitanjali in Hindi, the first by Giridhar Sharma Navratna, published by Holkar Hindi Granthamala in 1924. Devendra Kumar Deves is at present working on a study of these 36 Hindi translations. In the year 1961, the Central Braille Press in Dehradun created a brought out the Hindi translation of Gitanjali in braille.

The deep influence of Tagore on Hindi literature and culture becomes evident in the following excerpt from the speech of Hazariprasad Dwivedi, read at Santiniketan on the occasion of the hundredth birth anniversary of Tagore: "Rabindranath touched the innermost creative process in poets and artists throughout our country. He is a poet of the poets, artist of the artists. Here lies the greatness of Rabindranath, neither in the number of translated works nor in superfluous attempt to imitate!'

⚬⚬⚬